왜 사랑하기를 두려워하는가

Hans Jellouschek, Wie Partnerschaft gelingt - Spielregeln der Liebe
ⓒ Verlag Herder Freiburg im Breisgau 19th edition 2006
All rights reserved.

Korean Translation copyright ⓒ 2007 Gyoyangin, Seoul
The Korean edition was published by arrangement with Verlag Herder
Freiburg im Breisgau, Germany through EUROBUK Agency, Seoul

왜 사랑하기를 두려워하는가

사랑에 관한 심리학 강의 16장

한스 옐루셰크 | 김시형 옮김

교양인
GYOYANGIN

아내이자 동료인 마르가레테 코하우스와 함께 부부 문제 전
문 상담가로 일하는 동안, 늘 내 머리 속을 떠나지 않는 한 가지
질문이 있었다. 어떻게 해야 두 남녀가 막 사랑에 빠진 시기를
지난 다음에도 신선함과 역동성을 잃지 않고 오래도록 관계를
유지할 수 있을까? 결혼 생활을 오래 유지하다 보면 모두들 어
쩔 수 없이 메마르고 경직된 관계가 되어야 '하는' 걸까?

이 책에 앞서 펴낸 《부부로 사는 기술》이 독자들의 엄청난 호
응을 얻은 것도, 지금 부부들이 심각하게 고민하는 문제가 바로
나의 질문과 겹친다는 사실의 반증이었다. 앞으로 이 책에서 여
러 장에 걸쳐 다룰 이야기도 역시 결론적으로는 이 질문의 답을
찾는 과정이다. 나는 지금까지 쓴 책들에서보다 한 단계 더 구
체적으로 이 문제를 다루고 싶었고, 부부들이 일상 생활에서 반
복해서 맞닥뜨리는 전형적인 문제 상황들을 출발점으로 하여

거기서 벗어날 수 있는 길, 또한 가능한 한 실제 삶과 밀접한 방법을 제시하고 싶었다.

이 책에 실린 글들은 원래 오스트리아 여성지 〈벨트 데어 프라우(Welt der Frau, 여자의 세계)〉에 실렸던 칼럼을 모은 것이라서, 더욱더 구체적인 생활과 맞닿은 얘기들이 중심이 되었다. 잡지에 글을 기고하는 동안 내 칼럼을 읽고 많은 남녀 독자들이 토론을 거듭했고 칼럼 내용을 주제로 삼아 여러 부부가 모여 집단 토론을 벌이기도 한다는 얘기를 자주 들었다. 그래서 책을 펴내면서 이 책을 읽고 더 많이 토론하고 대화할 수 있도록 각 장마다 요약 정리, 조언, 쓸모 있는 규칙을 덧붙였다. 각 장마다 마지막에 붙은 정리 단락을 어떤 새로운 규칙이나 규율을 만들려는 시도로 오해하지 않기를 바란다.

헤르더 출판사의 편집자 페터 라압 씨는 책이 나오기까지 편집과 교정은 물론이고 수많은 아이디어와 힌트로 든든한 지원을 아끼지 않았다. 이 자리를 빌어 그분께 깊은 고마움을 표시한다.

1998년 5월 엔트링겐에서

한스 옐루셰크

차례

1장

죽음이 우리를 갈라놓을 때까지

사랑은 '사건'이 아니라 노력하는 '과정'이다

사랑은 발전하는 과정이지 한번 일어났다가
어느 순간 끝나버리는 사건이 아니다. 사랑은 시간이 흐르면서
점점 여러 단계를 거쳐 발전하고 달라지는 그 무엇이다.
더욱이 우리 스스로 '뭔가' 하고, 직접 능동적으로
설계해야 생겨나는 것이다.

급증하는 이혼율을 보면 걱정스럽다. 최근 수십 년 사이—서
구식 도시 산업 사회를 기준으로 했을 때—전체 이혼율은 3분
의 1로 치솟았고 특히 대도시에서는 부부라는 이름으로 불렸던
'인생 공동체' 중 50퍼센트가 파경에 이르렀다. 결혼이라는 제
도로 표현되는 사랑은 이제 구석기 유물이 되어버린 걸까? '우
리'보다 '나'를 워낙 강조하는 세상이 되다 보니, 결혼을 유지하
는 데 필요한 순결, 참을성, 배려 같은 덕목을 소홀히 취급한 결
과는 아닐까? 요즘 사람들은 진지하지 못하고 책임감도 부족해
서 이런 결과가 생기는 게 아닐까?

여기저기서 온갖 추측이 난무하고, 기독교를 비롯한 종교계
에서도 우려의 목소리가 높다. 물론 수치로 드러난 결과를 간단

히 무시해버릴 수는 없다. 이혼율 증가는 엄연히 우리 앞에 존재하는 현실이며, 이런 조사 결과는 결혼을 꿈꾸고 준비하는 많은 사람들에게 근심을 안겨준다. 그러나 통계 수치를 바탕으로 한 단순한 일반화와 비난은 과연 정당할까? 그렇지 않다. 오늘의 상황은 그렇게 쉽게 결론을 내릴 수 있을 만큼 단순하지 않기 때문이다.

먼저, 지금처럼 평균적으로 부부가 오랜 시간 동안 공동의 삶을 유지한 적이 역사상 단 한 번도 없었다는 사실을 알아야 한다. 뜻밖이라고? 이혼율이 높아 걱정이라고 하면서 이 말은 모순 아니냐고? 비밀은 바로 '평균 수명'에 있다. 지난 200년간 인류의 평균 수명은 3배나 늘었다. 18세기에는 평균 수명이 겨우 30세에 불과했다. 그 시절에는 지금보다 훨씬 많은 부부들이 죽음 때문에 지금보다 훨씬 빨리 결혼 생활의 끝을 보았다. "죽음이 우리를 갈라놓을 때까지"라는 결혼 서약도 그 시절에는 지금과는 완전히 다른 의미로 다가왔을 것이다. 예전에 "죽음이 우리를 갈라놓았던" 시점은 지금 대다수 부부들이 전체 결혼 생활 중에 겨우 반 정도의 시간을 함께 보냈거나 아니면 미처 절반을 채우지 못한 시점과 거의 비슷했기 때문이다. 오늘날의 부부는 18, 19세기 부부들보다 곱절 이상 오래 함께 살아가는 것이다! 따라서 '과거에 비해 현재의 이혼율이 월등히 높으며 이것이 바로 결혼 제도가 구시대의 유물이라는 증거'라고 말하거나, 오늘의 부부들이 과거의 부부들에 비해 문제가 많다고 싸잡아 비난하는 것은 섣부르고 부당한 일이다.

부부 문제 상담 전문가로서 나는 오랫동안 많은 경험을 했다. 그러나 나는 사람들이 흔히 말하는 것처럼 쉽게 결혼 생활을 포기하고 도망치는 부부를 한 번도 본 적이 없다. 오히려 거의 모든 당사자들이 어쩔 수 없는 이별에 괴로워하고, 이혼을 결정할 때까지 걸리는 오랜 시간과 그 뒤에 따라오는 훨씬 더 긴 극복의 시간 동안 내내 엄청난 고통에 시달린다.

오늘날 결혼이 흔들리는 원인을 '가벼운' 시대 분위기에서만 찾을 수는 없다. 결혼 생활을 오래 지속하기 힘들게 하는 몇몇 상황과 조건이 더 큰 문제다. 방금 이야기한 평균 수명의 연장 말고도 세 가지 중요한 요인이 더 있다.

흔들리는 사랑

옛날에는 경제적 생존이라는 이유 때문에 결혼 관계를 깬다는 것이 대다수 사람들에게는 불가능한 일이었다. 결혼이란, 무엇보다 경제 공동체를 형성하는 행위였다. 지금도 때로는 이 법칙이 유효하다. 실제로는 오래 전에 끝난 부부 관계가 경제적인 이유 때문에 형식적으로나마 유지되는 경우가 종종 있다. 하지만 예전처럼 그렇게 물질적인 생존이 결혼 생활의 충분조건이 되는 경우는 흔치 않다. 특히 고등교육을 받고 직업을 가진 여성들이 갈수록 늘어나면서 비상 사태가 일어났을 때 '부양자'의 존재를 포기하는 여성이 많아졌기 때문이다.

또한 옛날에는 남녀 사이에 불가피한 보완을 위한 역할 분담이 무척 뚜렷했다. 외부 세계와 생존 투쟁은 남자가 맡았고, 가정의 유지와 정서적 보살핌은 여자 몫이었다. 남자가 없으면 가족은 보호를 받을 수 없었고, 여자가 없으면 정서적인 굶주림에 허덕여야 했다. 그런 의미에서 생존을 위해 상대방이 반드시 '필요'했던 것이다. 아직도 이런 오랜 역할 모델이 힘을 발휘하고 있긴 하지만(심지어 온갖 진보적인 표어 뒤에서도 은폐된 채로), 가족을 지탱하는 이유로서는 점차 힘을 잃고 있다. 아이를 혼자 키우는 미혼부 혹은 편부 가정이 늘고, (시간제 내지 전업) 주부로 집에서 일하는 남자들도 늘고 있다. 반면 여성들은 남성들과 대등하게 직업, 사회 활동을 영위하고 있다. 그러다 보니 서로에 대해서 독립성도 훨씬 확대되었다.

마지막으로, 과거의 결혼은 동일한 세계관과 종교로 묶여 있었다. 결혼이란 깨질 수 없는 성스러운 결합이라는 종교의 가르

침이 사회적 차원은 물론이고 일정 기간 동안 법적으로도 유효한 구속력을 지닌 적이 있었다. 예전엔 이 교리를 깨는 사람은 사회적으로도 이단자 취급을 받았다. 하지만 오늘날에는 종교가 개인의 삶을 그렇게 강하게 통제하지 못한다. 게다가 결혼에 대한 기독교 교리를 고수하는 사람들조차 과거와는 다른 해석을 적용한다. 결혼은 신성해야 한다는 교리를, 무조건 이혼을 금지한다는 뜻으로 해석하는 것이 아니라 이상적인 지향점, 목표로 삼아야 할 계명쯤으로 간주하는 것이다. 원칙적으로는 아직도 재혼한 신도를 교회 공동체에서 파문한다는 가톨릭 교회의 규정이 있긴 하지만, 실제로 그런 일을 겪는 신자는 거의 없다. 이처럼 결혼에 대한 기독교적 믿음과 결부된 구속력도 크게 약화되었다.

옛날에는 공통된 기반 위에 놓인 세계관과 규범, 굳건히 고정된 성 역할, 경제적인 필요, 이 세 요인이 결혼을 외부에서 (그리고 내부에서도 역시) 규정하고 거의 꼼짝 못할 만큼 배우자들을 결합시키는 요인이었다. 하지만 지금은 이런 요인들이 큰 의미가 없다. 이제 결혼을 튼튼하게 지켜주는 것은 오직 인간 대 인간으로서 부부가 맺는 관계의 질밖에는 없다. 말하자면 두 사람이 서로 얼마나 잘 지내고 조화를 이루고 사랑하느냐에 따라 그들이 부부로 남을 것인지 아닌지가 결정된다. 더욱이 서로에 대한 이해와 사랑은 감정 변화에 영향을 받는 데다가 당사자들의 성격, 능력, 성숙도에 따라 달라지는 무척 주관적인 요인들이다.

이런 모든 점을 고려해볼 때, 몇십 년 전에 비해 오늘의 결혼이 더 자주 존폐 위기에 빠지는 것은 당연한 일이다. 이제는 예전 같은 '외부의 규범'이 존재하지 않는다. 그렇다고 과거로 되돌아갈 수도 없다. 결혼 생활이 얼마나 튼튼하고 알차게 지속되느냐는 오로지 내가 배우자와 어떻게 화합하느냐 하는 개인적인 능력과 한계에 달려 있을 뿐이다.

오래 가는 사랑 만들기

그래서 부부 관계를 고민하고 정보를 습득하고 책이나 강연 등을 통해 서로 '공부'해야 할 필요성이 더 커졌다. 다시 말해, '부부로서 살아가는 기술'을 배우는 일이 중요해진 것이다. 이 기술에서 가장 기본은, 무엇보다도 아내와 남편의 사랑, 즉 부부애가 무엇인지 그 본질을 이해하는 것이다.

1. 아내와 남편의 사랑은 서로 상대에게 반한 상태와는 분명

히 다르다. 대개 운이 좋으면 상대에게 반한 감정이 결혼 초기에 잘 지속되고, 또 더 괜찮은 경우에는 때때로 이 감정이 되살아난다. 남녀 관계 전문가들은 이 열렬한 연애 감정이 부부 관계에서 매우 중요하고 두 사람 사이의 결속을 유지해주는 필수 요소라고 강조하곤 한다. 하지만 그런 강도 높은 열렬한 감정은 일시적인 것이어서 대개 상당히 빨리 지나가버린다.

연애 감정에 푹 빠진 그 상태를 가장 이상적인 사랑이라고 확신하는 사람이라면, 시간이 흘러 그런 감정이 잦아들면 이제 사랑이 끝났다고 단념하거나 아니면 계속해서 새로운 관계를 시작해야 한다. 당사자 입장에서는 반복해서 '초반의 마력'을 느끼려는 안쓰러운 노력이겠지만, 결국 여러 사람에게 고통을 선사하는 것은 물론이고 자신도 쓸쓸하게 생을 마감해야 한다는 점을 각오해야 한다.

2. 사랑은 발전하는 '과정'이지 한번 일어났다가 어느 순간 끝나버리는 '사건'이 아니다. 사랑은 시간이 흐르면서 점점 여러 단계를 거쳐 발전하고 달라지는 그 무엇이다. 더욱이 우리 스스로 '뭔가' 하고, 직접 능동적으로 설계해야 생겨나는 것이다.

연애 감정에 푹 빠져 있을 때는 굳이 노력하지 않아도 저절로 잘 되던 것도, 부부가 각자, 그리고 함께 부지런히 '일하지' 않으면 지속적으로 유지되기 힘들다. '일한다'는 표현이 '사랑'이란 말과 참 안 어울린다고 생각할지 모른다. 하지만 이것이 진실이다. 연애 감정에 빠져 있을 무렵에는 의도적으로 노력하지 않아도 '저절로' 상대방을 다정하게 대한다. 하지만 5년만 지나보라. 상냥한 태도를 취한다는 것이 큰 '일'로 다가올 때가 얼마나 많은지! 그런 노력 없이 '그냥 내키는 대로' 행동했다간 무뚝뚝하고 배려 없는 배우자가 되고 만다.

상대를 대하는 태도가 그때그때 일시적 기분에 좌우되지 않고 늘 한결같은 자세로 자리 잡게 하려면 '관계 노동'이 반드시 필요하다. 열렬한 연애 감정에 휩싸인 시기에는 저절로 상대방한테 흘러가던 관심과 애정도, 어느 정도 시간이 흐른 뒤에는 의식적인 관계 노동을 통해 꾸준히 가꾸고 관리해야 지속적으로 유지할 수 있다. 가끔 결혼한 지 얼마 되지 않아 금세 이혼하는 부부들을 보면 결혼 생활에는 지속적인 노동이 필요하다는 사실을 몰랐던 게 아닌가 싶은 안타까운 생각이 든다.

3. 남자와 여자의 사랑은 나름대로 상승과 하강을 반복하는 변화 과정이다. 당연히 위기도 찾아온다. 물론 되도록 위기를 피하고 싶을 것이다. 하지만 위기 없는 결혼 생활은 있을 수 없

거니와, 부부 관계가 성숙하려면 반드시 거쳐야 하는 과정이기도 하다. 위기 때문에 관계가 위태로워질 수도 있지만, 위기는 항상 기회라는 다른 얼굴을 가졌다는 사실을 잊지 말자. 잘만 활용한다면 오히려 위기는 성장의 계기가 되고, 그 안에서 부부의 사랑은 좀 더 무르익고 견고해진다.

위기를 겪어봐야만 다람쥐 쳇바퀴 돌듯 반복되는 습관의 굴레에서 벗어날 수도 있고, 나와 배우자의 능력도 세심하게 가늠해볼 수 있으며, 공동의 삶 속에 존재하는 새로운 가능성도 발견할 수 있다. 두 사람 앞에 닥친 관계의 위기를 이렇게 발전의 가능성으로 받아들일 수 있다면, 위기는 이제 관계 유지가 불가능하다든지 헤어져야 한다는 틀에 박힌 의미를 벗어난다. 오히려 이 관계에서 따로, 그리고 같이 발전하는 단계에서 그만큼 한 걸음 더 앞으로 내디딜 때가 왔다는 신호다.

4. 부부 관계의 위기는 자율과 구속 사이에서 적당한 균형을 잡기 어려워서 발생하는 경우가 많다. 어쩌면 요즘 부부들이 가장 중요하게 생각해야 할 일일지 모른다. 부부는 두 사람 모두 자기만의 공간이 필요한 독립된 인격체이지만, 동시에 안정과 따뜻함을 선사하는 상대방과의 유대도 놓치고 싶어하지 않는다. 이 기본적인 두 욕구가 서로 충돌하는 일은 적지 않다. 막

사랑에 빠졌을 때야, 나의 자유 따위는 그다지 중요하지 않다. 이때만큼 상대방과 붙어 있고 싶은 적이 없기 때문이다. 하지만 이 시기가 지나고 나서도 거기에 계속 머물러 있어야 한다면 그것만큼 답답한 감옥이 없다.

살아 있는 건강한 관계란, '나'와 '우리'가 끊임없이 번갈아 우위를 주고받는 시소 게임이어야 한다. 상대방의 따스함이 필요한 때가 있으면, 반대로 어느 정도 거리를 두고 떨어져 있는 시간도 필요하다. 그런 분리된 시간, 그러니까 아내와 남편이 각자 좋은 의미의 '이기주의'를 실천하는 시간은 부부애를 해치기보다 오히려 부부애를 더욱 돈독하게 해주는 필수 요건이다.

떨어져 있으라는 말은 무작정 헤어져 있으라는 뜻이 결코 아니다. 부부가 각자의 욕구와 이해에 맞춰 거듭 의견을 조정하고 합의점을 찾으려고 노력하면, 결혼이라는 범주 '안에서도' 자기를 실현할 수 있는 자유의 공간은 충분히 생긴다. 대개 서로 상대에게 독자적인 영역을 너그럽게 허용하는 부부는, 상대를 일일이 감시하고 뭘 하든 꼭 붙어 있으려고 안달하는 부부보다 훨씬 튼튼하고 오래 가는 관계를 유지한다.

5. 사랑이란 두 사람이 한 사연을 공유한다는 뜻이다. 둘이

함께한 오랜 시간만으로도 사랑은 특별한 의미를 부여받는다. 물론, 그 오랜 시간 속에는 여러 위기가 도사리고 있다. 부부 관계가 황폐해지고 관성으로만 흘러가며 공허해지는 때가 바로 위기이다.

하지만 우리가 관계의 활기를 되살리려는 노력을 저버리지 않는 한, '함께 늙어가기'라는 말의 가치는 더할 나위 없이 소중할 것이다. 함께 늙는다는 것은 뭘까? 그것은 아무리 수천 번의 강렬한 연애를 반복해도 얻을 수 없는, 단 한 사람과의 사랑에서 얻는 깊은 유대감과 정이 있어야 가능하다. 오랜 세월 동안 같은 사연을 만들어 가는 결혼 생활만큼, 혼자가 아니라 누군가와 함께 있다는 편안함을 느끼게 해주는 것도 없다. 물론, 이 편안함은 우리가 그것을 '함께 겪고 견뎌야' 비로소 누릴 수 있는 행복이다.

누구에게나 이렇게 오래 가는 사랑을 무조건 강요할 수는 없다. 어떤 경우엔 그냥 헤어지는 것이 나을 때도 있다. 애초에 사랑을, 혹은 상대를 착각했을 수도 있고, 각자의 길이 너무 많이 달라져서일 수도 있다. 다시 말하지만, 사랑은 결코 강요할 수없다. 하지만 오래 가는 사랑이 가능하도록 시도할 만한 일은 정말 수없이 많다. 사랑이 풍요로운 결실을 맺으려면 오랜 시간이 흘러야 한다. 어쩌면 지금 우리는 그것을 잊고 사는 게 아닐까.

부부의 사랑에 관한 몇 가지 질문

1. '부부의 사랑'이란 무엇이라고 생각하는가? 오래 지속되는 관계와 막 연애 감정에 빠진 상태의 차이는 무엇이라고 보는가?

2. 부부의 관계를 유지하기 위해 의식적으로 어떤 노력을 기울이고 있는 가? 두 사람이 균형 있게 노력을 기울이고 있는가?(두 사람 다 비슷한 정도로 행동을 취하고 있는가?)

3. 지금까지 가장 힘들었던 관계의 위기는 언제였는가? 어떤 식으로 그 위기에 대처했는가? 옆으로 밀어두었는가? 그냥 잊어버렸는가? 그 문 제를 놓고 고심해봤는가? 위기를 거치면서 무엇을 배웠고 무엇을 얻 었는가?

4. 자율과 구속의 균형 문제에서 우리 부부의 대차대조표는 어떤 모습인 가? 두 사람 다 충분히 개인적인 자유를 누리는가? 동시에 둘 사이에 충분한 애정과 유대감이 존재하는가? 자율과 구속 중 어느 한쪽에 치 우쳐 있지 않은가?

5. 우리 두 사람의 공동의 삶, 공동의 사연이 진행되는 동안, 나와 당신이 불만을 느끼는 습관이 생겼다면 그것은 무엇인가? 경직되고 편협해지 고 무의미해진, 혹은 지루하게 변해버린 것은 무엇인가? 새 출발을 위 해서 해볼 만한 가벼운 첫 시도로는 무엇이 좋을까?

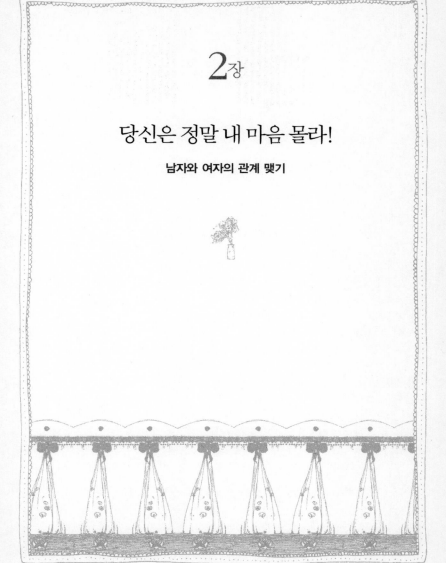

2장

당신은 정말 내 마음 몰라!

남자와 여자의 관계 맺기

유디트는 하루 종일 막내아들을 돌보느라 진이 다 빠졌다.
저녁에 남편 마르쿠스가 돌아오자 유디트는 하소연을 잔뜩 늘
어놓았다. 그러자 남편은 아내가 미처 말을 끝내지도 않았는데
대뜸 충고부터 던지기 시작했다. 이렇게 해라 저렇게 해라, 남
편의 지시는 줄줄이 이어졌다. 어느 것 하나 틀린 것 없고 모두
일리 있고 합리적인 충고뿐이었다. 그런데도 유디트는 좌절감
과 실망감을 느꼈고 짜증까지 났다. 마르쿠스는 그런 태도마저
눈앞에서 딱 꼬집어 비판했다. 아내가 문제점을 꺼내 얘기하니
까 자기도 성의껏 해결책을 찾으려고 애를 썼는데 뭐가 잘못됐
느냐는 것이었다. 하지만 결국 마르쿠스한테 돌아온 것이라곤
"당신은 정말 아무것도 몰라!"라는 비난뿐이었다.

대체 왜 이런 일이 일어난 걸까? 언뜻 봐서는 조금도 복잡할 것이 없는 얘기다. 여자가 고충을 털어놓자, 남자가 해결책을 내놓았다. 그런데도 결과는 끔찍할 정도로 나빠졌다. 왜 그럴까? 바로 인간 관계를 바라보는 여자와 남자의 시각과 그 관계 안에서 두 사람이 취하는 태도가 전혀 다르기 때문이다. 유디트와 마르쿠스는 전형적인 충돌을 일으킨 것뿐이다. 두 사람이 이러한 남녀의 차이를 모르거나 무시하고, 또 이해하려 들지 않는다면 앞으로도 둘에겐 충돌밖에 없다.

방금 본 작은 에피소드를 더 꼼꼼히 들여다보기로 하자. 이제부터 여자와 남자가 의사소통을 할 때 나타나는 여러 차이와, 거기서 비롯되는 잦은 소통 장애가 속속 드러날 것이다.

문제 대 관계

유디트가 아이 돌보느라 힘들었다고 이야기를 하면 마르쿠스는 '문제', 즉 아이 키우는 문제를 어떻게 해결할 것인가가 제일 중요하다고 생각하고 그 문제를 도와주려고 열심히 애를 쓴다. 하지만 마르쿠스의 그런 노력은 빛을 보지 못한다. 실은 유디트가 말하고 싶은 건 (적어도 제일 중요한 목적을 보자면) '문제 자체'가 아니기 때문이다. 유디트는 하루 종일 아들이랑 씨름하느라 지쳤고, 남편에게 그 얘기를 하면서 이해를 구하고 관심을 받고 싶었던 것이다. 다시 말해, 유디트에게 있어서 남편과 나누는 대화는 문제 해결을 위한 것이 아니라 서로의 관계를 확인하는 자리였다. 남편이 인간 대 인간으로서 아내의 마음을 들여다보고, 그녀의 하루가 어땠는지 귀 기울여주고, 공감해주길 바랐던 것이다.

부부 관계는 항상 남자와 여자의 차이를 염두에 두어야 한다. 남자는 상대와의 관계에 기꺼이 '제3의 무엇', 그러니까 어떤 문제나 업무, 목적 따위를 끌어들이는 습관이 있다. 그래야 관계가 살아 있는 것으로 느껴지고 심지어 더 흥미진진해 보인다. 말하자면 남자들에게 관계란 배경일 뿐이고, 그들의 의식 전면에는 '객관적 사실', '문제', 즉 두 사람이 함께 얘기하는 어떤 '일'이나 '주제'가 두드러진다.

여자는 그 반대다. 여자는 사람이 먼저고, 또 사람과 사람 사이, 그리고 서로 대화를 주고받는 과정 그 자체가 관심사다. 그래서 여자들은 남자들끼리 몇 시간이고 아무 말 없이 낚시를 즐기거나, 저녁 내내 스포츠, 정치, 학문 같은 몇 가지 '문제'를 놓고 열띤 토론을 벌이는 걸 보며 무척 의아해한다. 온갖 이야기를 다 하면서 정작 개인적인 이야기는 단 한마디도 입에 올리지 않는 남자들이 여자들에겐 참 신기해 보일 따름이다.

　남자들은 남자들대로 별 내용 없는 여자들의 '수다'를 비웃는다. 이 '수다'가 존재하는 이유는 어떤 결과를 얻으려는 것이 아니라 서로 관계를 맺고 유지하기 위해서인데, 남자들한테는 어색하고 낯설기 짝이 없는 일이다. 관계 자체를 이야기의 주제로 삼다니, 얼마나 당황스러운가. 그러니 어쩌다 아내가 다가와 "여보, 우리 관계에 대해 얘기 좀 해, 응?" 하는 말이라도 꺼내면 어디로든 숨고 싶은 것이 당연한 이치다.

해결 대 공감

지금까지 몇 가지 차이를 언급했다. 이제 하나씩 차근차근 살펴보자. 마르쿠스는 아내가 문제를 꺼냈으므로 그것을 해결하는 것이 급선무라고 느꼈다. 적어도 그런 인상을 받은 마르쿠스는 관계 유지를 위해 아내가 자기에게 바라는 것을 성실히 이행한다. 하지만 반대로 유디트는 해결이 중요한 게 아니라 그저 남편이 앞에 앉아서 자기 얘기를 듣고 함께 공감해주길 바랐다.

　남자들은 바로 이 점을 힘들어한다. 남자들 생각에 그냥 듣기만 하는 건 시간 낭비다. 아니, 오히려 일을 더 악화시키는 짓이다. 여자가 하는 한탄을 '그저' 들어주고 '같이' 화내고 슬퍼하기만 하면 문제 상황이 더 나빠진다고 생각하는 것이다. 여자는 감정이 격해져 더 슬프게 울 테고, 모든 상황이 통제할 수 없는 지경으로 한없이 뻗어나갈 게 뻔하다. 그래서 오히려 남자들은 공감해주기는커녕 감정을 몰아내고, 여자의 말을 툭툭 끊어버리고, '감정의 홍수'를 차단하고, 되도록 빨리 문제를 붙들고 결론을 내고 싶어한다.

반대로 여자들은 자기의 속 이야기를 차분하게 들어주고 마음 깊이 공감해주는 누군가가 앞에 있다는 것만으로 문제의 절반은 벌써 해결된 거나 마찬가지로 느낀다. 충고는 그다지 원하지 않는다. 실제 뭘 어떻게 해야 할지는 자기 스스로 더 잘 알고 있거나, 문제를 입 밖에 끄집어내어 얘기하는 순간 명확하게 떠오르게 마련이다. 그런데 그 과정을 같이 버텨주는 게 남자 입장에선 종종 꽤 힘든 일이다. 더구나 자기가 아무것도 안 하고 그저 귀 기울이고 '옆에' 있어주는 게 오히려 가장 큰 도움이 된다는 사실을 인정하기가 무척 힘든 것이다.

경쟁 대 유대

남자들 세계에선 경쟁이 관계 형성과 유지에 중요한 구실을 한다. 남자는 자신이 어떤 일에 능력이 있다는 것과 다른 누구보다 그 일을 더 잘한다는 사실을 입증할 때 기분 좋은 자극을 느낀다. 그래서 특히 순위를 놓고 다투는 스포츠 경기를 좋아하고, 일상에서도 아예 무슨 일이든 지고 이기는 게임으로 만들어 버리곤 한다. 마르쿠스가 성급한 반응을 보인 것도 바로 이 경쟁욕 때문이다. 자신의 능력을 보여주고 싶었던 것이다. 그래서 유디트가 쌀쌀맞게 도움을 거부하자 좌절감을 느낀 것이다.

유디트가 생각하는 대화는, 서로 유대감을 키우고 두 사람이 공유하는 것을 강화하고 상대방에게 의지하고 위안 받는 것이다. 어린아이들의 생일 파티에만 가봐도 이런 차이가 뚜렷이 드러난다. 여자아이들은 다 같이 노래하고 춤추는 놀이라면 모두 좋아하지만, 남자아이들은 누가 더 잘하는지 겨루는 놀이가 아니면 흥미없어한다. 이런 남녀의 다른 성향은 구체적인 내용만 달라질 뿐 커서까지 계속된다.

A씨 부부가 B씨 부부 집에 놀러 가면 남자들은 어떤 것이 진짜 미래의 경제 개념으로 올바른 것인지를 놓고 몇 시간 동안 토론을 벌이지만, 여자들은 그런 이야기가 불편할 뿐이다. 그저

비슷한 걱정거리, 힘든 점, 고민 따위의 이야기 보따리를 풀 기회만 기다린다. 남자는 대개 타인을 만나면 자기를 변호하고 또 자기가 옳고 더 낫다는 것을 보여주려는 입장을 취한다. 반대로 여자는 대화하면서 서로 말이 잘 통하기만 하면, 두 사람을 이어주고 묶어주는 것, 공유하는 것을 찾아서 둘의 차이와 갈등을 지워버리려는 경향이 있다. 한마디로 마르쿠스는 둘 사이에 확연한 일체감이 조성되었다는 느낌을 아내에게 전달하기 전에는 해결책이 뭘까 고민하는 것이 아무 쓸모가 없다는 사실을 깨달아야 한다.

소극성 대 표현력

독일의 시인이자 소설가인 에리히 케스트너(Erich Kästner)는 〈한 남자가 주는 정보〉란 시에서 여성들을 향해 이렇게 말했다.

그대들은 참 좋겠구려. 모든 것을 느낄 수 있으니.
그대들이 슬퍼할 때도, 우린 그저 신발이 답답할 뿐.
아, 우리 영혼은 의자 위에 놓인 듯 그저
사랑을 물끄러미 바라만 보고 있다네.

케스트너는 풍자적인 어투로 또 다른 남녀의 차이를 지적했다. 여자는 다른 사람과의 만남에서 남자보다 풍부한 표현력을 발휘한다. 그녀들은 자신의 감정에 민감하고 그 느낌을 표현할 줄 안다. 그에 비해 남자는 자신의 욕구와 감정을 제대로 자각하지 못하는 때가 많다. 실제로는 절망감과 낭패감에 젖어 있을지도 모르는데, 그저 '신발이 좀 작아서 답답하다'고 생각해버리고 만다.

또한 더 많은 경우는 남자들이 자신의 감정을 분명하게 느끼고 자각하면서도 아예, 혹은 여자들처럼 빨리, 말이나 표정, 몸짓으로 옮겨 표현할 줄 모른다는 점이다. 그래서 남자들은 여자들이 수선을 떨며 과장을 한다고 믿는 때가 많다. 물론 감정을 의도적으로 꾸미고 과장할 수도 있으므로 때로 남자들의 추측이 들어맞는 경우도 있다. 하지만 바로 그것이 여자들이 그만큼 빨리 마음을 쉽게 표현할 줄 알고 그 강점을 능숙하게 이용하여 적극적으로 감정적 반응을 보인다는 증거다.

마르쿠스가 서둘러 충고를 던진 것은 일종의 도피 행위인 데다, 앞에서 말한 감정적 능력이 떨어지는 사실과도 관련이 있다. 그는 아내가 스트레스를 받았다는 사실이나 어린 아들의 행동에 대해 자신이 느낀 점을 솔직히 표현한다는 것은 엄두도 내지 못한다. 대신 최대한 빨리 문제를 파악해서 모든 상황을 정상으로 되돌려놓을 생각만 했다. 말하자면 마르쿠스는 아내 유디트의 안테나가 수신할 수 없는 전혀 엉뚱한 주파수로 열심히 신호를 보내고 있었던 셈이다.

남자와 여자는 왜 다를까?

그렇다면 남녀의 여러 차이에서 우리가 배울 수 있는 건 무엇일까? 우선 그 차이를 알고 인정하는 것이 중요한 첫걸음이다. 일단 첫걸음을 떼고 나면, 그 다음부터는 상대가 나쁜 마음을 먹고 행동하거나, 혹은 어떻게 해볼 도리 없는 무지 때문에 그런 태도를 보이는 거라고 오해하지 않게 된다. 남자와 여자가 관계에서 취하는 태도는 사뭇 다르지만, 그것은 서로 비난할 일이 아니라 인정하고 받아들여야 하는 사실이다.

단, 다음과 같은 두 가지 오해의 소지는 분명히 짚고 넘어가자.

아무리 차이가 있다고 해도, 앞서 말한 것처럼 남녀 사이에 항상 분명하게 그 차이가 드러나는 것은 아니다. 차이의 경계가 뚜렷하지 않은 데다가 종종 정말로 차이가 없는 경우도 있다. 어떤 여성들은 전형적인 남성형이라고 할 만한 방식으로 반응하기도 하고 어떤 남성들은 전형적인 여성 방식으로 행동하기도 한다.

이 첫 번째 사실이 두 번째 사실로 직결된다. 즉 남자라고 해서 태어날 때부터 그런 방식으로 행동하도록 정해진 것이 아니며, 여자도 선천적으로 그런 반응을 보이도록 결정된 것이 아니다. 양쪽 성 모두 자기 성의 보편적인 특성과 다른 모습을 보이는 것은 당연히 가능하다. 여자들도 일, 문제, 경쟁 중심으로 행동할 수 있고, 마찬가지로 남자들 역시 관계, 감정, 사람 중심적인 태도를 취할 수 있다. 아마 대다수 사람들에게는 말처럼 쉽지 않은 일이겠지만, 그런 능력은 분명히 누구나 지니고 있다.

그러므로 우리는 모두 나와 다른 성(性)을 지닌 상대를 배려하는 마음을 기를 수 있고, 한편으로는 여자면서 자기 안에 숨어 있는 남성적 특징을 좀 더 키우거나 남자면서도 자기 안에 억압되어 있는 여성적인 면을 개발하는 노력도 충분히 할 수 있다. 여자가 의식적으로 남성의 심리적 특성에 맞춰 실질적 결과와 문제 해결에 집중하기도 하고, 남자가 여성들처럼 풍부한 감수성을 지니고 공감하고 이해하는 능력을 발휘할 수도 있다. 그때야 비로소 남과 여라는 두 성 사이에 깊이 파여 있다고 믿었던 골 위에 교감의 다리가 놓일 것이다.

차이에 대처하는 방법

1. 부부의 공동 생활을 매끄럽게 유지하려면 생각, 느낌, 행동 면에서 남녀의 방식이 다르다는 사실을 배워야 한다. 남녀의 다름을 이해할수록 상대의 다름을 '비정상'으로 폄하하거나 배척하지 않고 그 차이를 양쪽 모두의 발전을 위해 이용하는 일이 쉬워질 것이다.

2. 조금 더 구체적으로 말해, 남자는 비교적 문제 자체에 집중하고 그 범위를 벗어나지 않으려는 경향이 있는 반면, 여자는 감정적인 차원에 더 집중한다. 그러나 이것이 곧 여자는 실질적이지 않고 남자는 감정 없는 냉혈한이라는 뜻은 결코 아니다.

3. 문제 상황, 갈등, 난관에 부딪히면 남자는 즉각 해결에 착수해 문제를 제거, 관리하는 데 가장 적절한 방법을 찾아 자신의 에너지와 주의를 집중한다. 그에 비해 여자는 상대의 배려, 경청, 공감, 동의만으로도 그 어떤 해결 방안보다 많은 도움을 받는다.

4. 남녀의 차이가 나타나는 가장 큰 원인은 생물학적인 것이 아니다. 남자는 어릴 때부터 경쟁과 다툼을 통해 타인과의 관계를 정의하는 법을 배우고, 여자는 감정적 유대와 관계 자체를 중시하도록 교육 받기 때문이다.

5. 감정을 표현하고 '풀어내는' 데에도 보편화된 역할 패턴이 작용한다. 남자는 아이든 어른이든 감정을 자제하고 냉정한 태도를 취할 것을 요

구받지만, 여자는 어릴 때부터 감정을 드러내고 표출해도 '된다'는 분위기 속에 자란다.

지금까지의 내용을 바탕으로 다음 질문에 대한 이야기를 나눠보자.
* 남자인 내가 좀 더 '여성적'으로 되려면 어떤 점이 필요할까?
* 여자인 내가 좀 더 '남성적'으로 되려면 어떤 점이 필요할까?

3장

상처 주고받기

인정하고, 용서를 구하고, 실천하라

"당신에게 상처주려고 한 말이 아냐!"
"설마 내가 일부러 그랬겠어?" 이런 말은 그저 상처받은 쪽의
감정만 문제시하는 발언이다. 상처 위에 또 하나의 상처가 더해지는 순간이다.
명심하라. 내 태도 때문에 상대가 상처받았다고 느낀다면,
내가 의도했든 안 했든 정말로 상처를 준 게 맞다.

주잔네는 남편 에른스트를 열정적으로 사랑해서 결혼하긴 했지만, 오래 전부터 잠자리를 같이 하고 싶은 마음이 들지 않았다. 이 문제 때문에 둘 다 몹시 힘들고 어색했다. 고민 끝에 찾아간 부부 문제 상담실에서조차 도무지 왜 그런지 오랫동안 답을 찾지 못했다. 그러다 예기치 않은 어느 날 주잔네가 힘겹게 입을 열었다.

"그때 모리츠를 낳고 퇴원해서 집에 오자마자, 그렇게 힘들게 아기를 낳고 온 내게 당신이 어떻게 했는지 알아? 같이 자자고 했어! 내가 싫다고, 아프다고 했는데도 막무가내였지! 나를 조금도 생각해주지 않았어! 그때부터 하고 싶은 마음이 눈곱만큼도 안 생겨!"

이 이야기는 두 사람 사이에 단 한 번도 나온 적이 없는 이야기였다. 주잔네가 몇 번 운을 띄우긴 했지만 에른스트가 전혀 눈치를 못 채자 그녀도 더는 말을 꺼내지 않았던 것이다. 사실 주잔네도 되도록 잊어버리려고 노력했지만, 도무지 몸이 따라주질 않았다.

많은 부부들에게 이런 일이 종종 일어난다. 한 사람이 다른 사람에게 상처 주는 행동을 했는데도 그 일에 대해 서로 터놓고 대화하지 못한다. 그러는 사이 상처는 여전히 남아 사랑을 좀먹는다. 부부 사이에 생긴 상처를 지혜롭게 치유하고 다루는 일은 그만큼 어렵다. 이 장에서는 그런 딜레마를 극복하는 방법은 없는지, 있다면 어떤 것인지 자세히 살펴보자.

사랑하기 때문에 상처를 받는다

우선 이것부터 말하자. 상처는 피할 수 없다. 물론 타인을 대할 때는 어디까지나 조심하고 신중해야 한다. 하지만 사람과 사람이 알고 지내다 보면 때때로 상대의 민감한 부분을 건드리는 일이 일어나지 않을 수 없다. 한 공간에서 살아가는 인생의 반려자들끼리는 말할 것도 없다. 평소 우리가 남들에게 보여주는 매끈하게 단장된 겉모습도 부부 사이에서는 그대로 유지하기 힘들다. 부부끼리는 심리적인 그림자와 더불어 본래 가지고 있는 내 모습을 속속들이 내보이게 마련이다. 성격과 취향, 가치관 등의 차이로 충돌을 겪고 서로를 잘 이해하지 못해 오해도 생기며 안 좋은 습관, 성격적 결함까지도 속속들이 드러난다. 그래서 아무리 노력해도 그런 것들 때문에 어느 정도 힘들 수밖에 없다. 더욱이 요즘 부부들은 옛날처럼 한쪽이 이끌고 한쪽이 끌려가는 관계를 용납하지 않기 때문에, 동등한 관계를 원하는 만큼 극복할 문제도 많아진다. '나'와 '우리'의 필요가 서로 적절하게 대칭을 이루는지 끊임없이 측정하고 행동을 조절해야 하기 때문이다.

개인으로서 나는 무엇을 원하며, 우리라는 관계에 내가 투자해야 할 것은 무엇인가? 어느 선에서 욕구를 접어야 하고, 언제 나를 주장할 것인가? 두 사람의 판이한 가치관과 욕구는 때로 적잖은 마찰을 일으키며 충돌하기도 하고 그 결과물로 나타나는 상처도 피하기 힘들다. 앞서 말한 대로 아무리 노력해도 부부가 서로 상처 주고 잘못하는 일은 불가피한 것이다. 그것도 우리가 가장 사랑하는 사람에게 말이다. 결국 상처는, 벗어날 수 없는 부부의 운명이다.

덮어둔 상처는 분노로 자란다

그렇게 생긴 상처는 물론 우리 가슴과 기억에 흔적을 남긴다. 앞서 말한 주잔네의 경우처럼 심하지는 않더라도 가벼운 충격, 사소한 비웃음, 작은 실망일지라도 그리 간단히 사라지지 않는다. 말끔히 치유되지 않은 상처는 사랑의 빛을 약하게 하거나 아예 꺼뜨리기도 한다.

하지만 조금 관대해질 수 없을까? 몇 가지는 그냥 없었던 셈 치거나, 간단히 잊어버려야 하는 것 아닐까? 조심하자. '뒤끝 없이' 관대하게 넘어가자는 말처럼 위험한 것도 없다! 대부분의 사람들은 이런 고상한 표어를 따라가려고 자신을 채찍질한다. 맞다. 실제로 우리는 많은 것을 잊고 살기도 하고, 몇 가지 소소한 것은 그냥 넘겨버릴 수도 있다.

하지만 그냥 잊어버리거나 너그럽게 '용서'하려는 시도는 대개 심리적 억압의 한 형태일 뿐이다. 그래서 우리가 의도하지 않아도 여전히 희미한 분노가 우리 마음 속에 남는다. 게다가 이런 식으로 '잊혀진' 상처들이 새로 덧붙여질 때마다 그 분노는 조금씩 우리 안에서 자라나고 배우자와의 거리를 멀찍이 떨어뜨려놓는다. 겉으로는 문제가 없어 보여도 가슴 깊은 곳에서는 이미 사랑이 죽어간다.

부부 간의 성적 관계가 삐걱거린다면 그것 역시 한 사람 혹은 두 사람 모두 주고받은 상처를 허심탄회하게 이야기하고 해결하려 하지 않은 채 너무 자주 묵혀두기만 했다는 증거일 수 있다. 상처를 치유하려는 노력이 잘 목격되지 않는다 해서 무슨 나쁜 의도가 숨어 있어서 그런 건 아니다. 단지 구체적인 방법을 몰라서 그러는 것뿐이다. 이제 어떤 방법으로 상처를 다루는 게 좋을지 이야기해보자.

화해의 세 단계

부부끼리 어떤 문제가 생기면 질질 끌지 말고, 되도록 상처를 받은 즉시, 그것도 되도록 바로 그날 화해를 하는 게 좋다. 물론 말처럼 쉬운 일은 아니지만, 적어도 항상 그런 원칙이 서 있어야 한다. 해결 못한 상처가 마음 속에 남아 있는 시간이 길어질수록, 노력에 비해 얻는 결실은 별로 없기 때문이다.

그렇다면 화해는 어떻게 해야 할까? 첫 번째 중요한 단계는 상처를 준 쪽에서 그 사실을 인정하는 것이다. 다만 화해의 첫 단계에서 두 사람이 싸움에 돌입하는 경우가 많다는 게 문제다. "당신에게 상처주려고 한 말이 아냐!" "설마 내가 일부러 그랬겠어?" "그런 뜻으로 한 말이 아닌데 과장이 너무 심한 거 아니야?"

이런 말은 상대가 받은 상처를 없던 일로 치부하고, 그저 상처받은 쪽의 감정만 문제시하는 발언이다. 상처 위에 또 하나의 상처가 더해지는 순간이다. 명심하라. 중요한 건 내 의도가 아니라, 내 행동과 의도가 낳은 '결과'다. 내 태도 때문에 상대가 상처받았다고 느낀다면, 내가 의도했든 안 했든 정말로 상처를 준 게 맞다. 따라서 상대가 상처받았다고 말하는 순간 정작 내가 해야 할 말은 이런 것이다.

"맞아. 그게 정말 당신에게 상처였구나!"

이 말을 하려면 약간 겸허한 자세가 필요하다. 이 겸허함이 없으면 상대가 받은 상처를 없애는 일도 불가능하다.

화해의 두 번째 단계는 용서를 구하는 일이다.

"미안해. 용서해줘!"

요즘엔 이런 짧은 사과 한마디를 못하는 사람이 참 많다. 사과는 자신의 잘못과 책임을 인정한다는 뜻이고, 원상태로 돌려놓기 위해 상대방에게 고개를 숙인다는 표시다. 그래서 지금처럼 자기중심적인 사고가 만연한 시대에 어울리지 않는 태도로 보일지 모른다. 하지만 부부 같은 밀접한 관계에서 사과하지 않고 살 수는 없다. 대인관계에서 용서를 비는 말 한마디는 빠질 수 없는 중요한 요소다. 상대에게 잘못한 게 있으면 그에게 용서를 받아야 하고, 그것을 먼저 청하는 게 당연한 원칙이다.

상처 준 쪽에서 그 사실을 인정하고 용서를 구하면, 상처받은 쪽도 한결 마음이 가벼워지고 진심으로 용서할 수 있다. 단, 가끔은 세 번째 단계도 필요하다. 말만으로는 충분하지 않고, 어떤 '행위' 즉, 보상이 덧붙여져야 할 때가 있기 때문이다. 그래야 상대가 진심으로 용서하고 상처도 치유된다. 예를 들면 이런 대화가 그런 방법일 수 있다.

남편 내가 정말 당신한테 상처를 줬구나. 미안해. 용서해줘, 여보. 내가 잘못했으니까 뭔가 해주고 싶어. 당신 마음 풀릴 만한 일이 뭐 없을까?

아내 (조금 생각한 뒤에) 있어. 이번 주말에 당신이 애들 보고 집안일도 해주면 좋겠어. 나 친구랑 한번 놀러가고 싶었는데 여태껏 못 갔어. 이번 주에 가고 싶어.

남편 알았어, 그렇게 할게. 걱정 말고 다녀와!

물론 이것은 수많은 방법 중 하나일 뿐이다. 핵심은, 상처 준 장본인이 말로만 용서를 구할 것이 아니라 구체적인 행동을 제시하고 실행 의지를 보여서 자기 말에 힘을 실어야 한다는 것이다. 한쪽이 다른 한쪽에 상처를 주면 '유죄'와 '무죄' 사이의 격차가 생기는데, 상처 준 쪽의 보상 행위가 있어야만 그 격차가 메워지고 부부의 대등한 관계가 회복된다. 말하자면 상처로 인해 기울어진 저울을 평형 상태로 되돌리고 부부 관계의 대차대조표에 균형을 되찾는 것이다.

이런 '보상'은 저절로 이뤄지지 않는다. 상처받은 사람이 진심으로 원하는 것을 이야기하고 화해할 자세를 갖추어야만 가능하다. 또 한편으로 이런 화해 행위의 가치는 단순히 양적으로만 매길 수 없다. 당연히 상처 준 쪽에서 어느 정도 '내주는 것'이 있어야 하는 건 맞다. 그래야 정말 화해하겠다는 의지를 입증할 수도 있고 말뿐인 제스처라는 누명도 벗을 수 있다. 하지만 화해를 위한 보상 행위는 상징적인 성격이 중요하다. 부부가 관계를 개선하기 위해 어떤 절차를 선택하고 그 절차를 자기들 나름의 '관계 문화'로 인정한 이상, 그 보상 행위는 두 사람이 결혼 생활을 위해 합의하고 노력했다는 사실을 입증해준다. '화해 의식'이 어느 만큼 효력을 가지느냐는 부부의 결정에 달려 있다. 어떤 식으로 화해할 것인지는 오직 부부의 창의성에 따라 달라지는 방식 문제일 뿐이다.

인정하고, 용서를 구하고, 행동으로 보상한다. 이 세 가지는 우리가 누군가에게 상처를 입혔을 때 그 상처를 실제로 치유하고 화해하기 위해 밟아야 할 세 가지 단계다.

그렇다면 상처받은 쪽에서는 어떻게 해야 할까? 상처를 없애고 화해하려면 '가해자'의 책임만 요구해서는 안 된다. '피해자' 역시 나름의 책임이 있기 때문이다.

상처받은 자의 무기

배우자에게 상처받았다고 느끼면 제일 먼저 내가 느낀 감정을 진지하게 받아들이는 것이 중요하다. 그 상처 때문에 아내나 남편에게 화가 났다는 것을 인정하는 데도 용기가 필요하다. 이 첫 번째 단계가 생략되는 이유는 대강 다음 두 가지로 요약된다.

하나는, 내가 자신을 무시하고 비하하면서 이런 식으로 말하는 것이다. "아유, 나 너무 나약한 거 아냐?" "휴, 나도 문제야. 이렇게 예민해서야 원!"

또 하나, 나를 상대보다 훨씬 나은 사람으로 급상승시키는 태도다. "저 가엾은 인간이 저렇게밖에 못 하는 걸 어쩌겠어." "별 수 있어? 잘난 내가 그냥 참아야지."

상처를 대강 이 두 가지 방법으로 얼버무리려다 보면 결과는 더욱 감당하기 어려워진다. 나든 상대든 계속 깎아내리다 보면 나중엔 남는 것이 하나도 없을 테니까! 앞서 한 말을 다시 해보자. 상처는 우리 영혼에 심각한 흔적을 남긴다. 그리고 상처가 반복될 때마다 그 흔적은 눈곱만큼도 나아지지 않고 계속 커지고 나빠지기만 한다! 비록 고통과 분노를 실감하고 똑바로 바라보는 것이 지금 당장은 더 힘든 일일지라도, 상처를 반드시 불러내어 일일이 해결하는 편이 훨씬 낫다.

상처받은 사람이 해야 할 두 번째 단계도 무척 중요하다. 똑똑한 목소리로 상대방이 나한테 상처를 주었다는 사실, 그리고 어떤 일로 상처를 주었는지 분명하게 알리는 일이다.

"나 지금 정말 기분 나빠. 당신, 그게 얼마나 큰 충격을 줬는지 알아?"

이런 말도 없이 그냥 억지로 참거나 뾰로통한 채로 입을 꽉 다물기만 하면 될 일도 안 된다. 상대방은 도무지 무슨 영문인지도 모른 채 이상한 분위기만 느낄 테고, 두 사람 사이에는 치명적인 오해와 불신만 잔뜩 쌓이고 만다.

세 번째 단계는, 배우자로부터 일단 상처를 받고 나면 파괴적인 권력 게임을 시작하지 않도록 주의하는 일이다. 간혹 남편이나 아내가 나에게 준 상처를 자기만의 비밀 장부에 적어두면서 목록을 하나씩 늘려 가는 사람이 있다. 그럼 상대는 (자신도 모르게) 날이 갈수록 점점 더 죄질이 나쁜 죄인이 되고 점점 더 빚이 늘어만 간다. 반대로 나는 계속 상대를 깎아내리고 멸시할 자격이 있다고 믿다가, 어느 날 갑자기 그 장부를 펼쳐들고 상대의 코밑에 불쑥 들이민다. 그러고는 상대의 도덕적 자질을 문제 삼아 매몰차게 연타를 날려 상대를 녹다운시킨다. 상대가 일단 나에게 상처 준 게 있으니, 저절로 나는 도덕적으로 우월한 입지에 올라서게 된다. 그걸 이용해서 상대 위에 군림하려 들고 그를 가차 없이 비난할 권리를 얻는 것이다. 하지만 그런다고 상황이 나아지기는커녕 화해와 치유는 더 요원해지기만 한다. 말하자면 상처받은 쪽 역시 도덕적인 우위에 서서 그것을 이용하려는 의도를 포기해야 하고, 상처 준 쪽처럼 일종의 겸허함을 가져야 한다. 때가 되면 자신이 받은 상처에서 벗어나야 하고, 강력한 무기를 손에 쥐겠다는 욕심도 버려야 한다.

배우자가 나에게 안겨준 상처 하나하나는 곧 내 손에 들린 흉한 무기가 될 수도 있다. 무엇보다 "절대, 영원히 용서 못해!"라고 말하는 건 최악의 행동이다. 내가 싫증날 때까지 상대방 약점을 쥐고 이리저리 흔들겠다는 뜻이 아니고 뭐겠는가. 약점을 잡힌 상대방 입장에서는 어떻게든 잘못을 무마하고 싶어도 할 수가 없다.

이 무기를 사용하고 싶다면 이것 한가지만은 분명히 감수해야 한다. "당신을 절대 용서 못해!"라는 말은, 그 말이 진심인 한 관계가 끝났다는 선언과 마찬가지다. 그러므로 더는 그 사람과 같이 살면 안 된다. 아니, 정말 그런 경우도 있다. 어떤 상처는 너무 깊고 커서 사랑을 아예 말살하기도 하고, 용서도 화해도 불가능한 일도 있기 때문이다. 그럴 땐 부부라는 이름 때문에 분노와 복수심 속에서 힘겹게 살아가느니 차라리 헤어지는 것이 낫다.

그런 게 아니라 결과적으로 같이 화목하게 잘 살고 싶은 마음이 있다면, 거의 모든 상처는 나을 수 있고 관계도 회복된다. 그러고 나면 상처 때문에 사랑이 약해지기는커녕 더 깊어지기도 하고 새로운 차원으로 발전하기도 한다. 용서를 구하고 용서하는 과정에서 우리 가슴은 한층 더 깊어지고 넓어지기 때문이다. 다시 한 번 말하지만, 그러기 위해서는 상처 준 사람도 상처받은 사람도 모두 한 발씩 양보하고 진심으로 노력해야 한다.

상처를 치유하는 방법

1. B가 A한테서 상처를 받았다고 가정하자.

   B가 할 일 : 상처를 대강 덮어두지 말라! A에게 언짢은 마음만 품어봤자 소용이 없다. 따질 건 따지고, 싸울 건 싸워야 한다. 큰 소리 나는 걸 두려워해선 안 된다. 혼자서 해결하려 들지 말라. 잘못된 걸 제대로 바로잡는 건 A에게 달린 문제다!

2. 이쯤 되면 A는 변명하고 자기 방어에 돌입하려 할 것이다. 물론 가끔은 오해를 풀 필요도 있다. 하지만 오해를 풀려 했다가 상황이 악화되는 일이 더 많다.

   A가 할 일 : 문제의 사건을 B의 입장에서 B의 시선으로 다시 떠올려보자. 아마 대부분은 B가 받은 상처에 충분히 공감할 것이다. 어떻든 거기까지 성공했다면 이제 당신이 B에게 상처 준 게 사실이라는 걸 순순히 인정하라. 일부러 그랬든 모르고 그랬든 전혀 상관없다! 그러고 나서 B에게 분명하게 용서를 구하라. 당장 할 말이 궁하거든 따로 글로 적거나 나름대로 고민해서 준비해두자.

3. 이때쯤이면 B도 마음이 한결 편해지고 나름대로 반가워할 것이다. 이럴 경우 B는 그 감정을 굳이 숨기지 말고 내보이고, 이제 상처가 나았다거나 문제가 완전히(!) 해결되었다는 선언을 해줘야 한다.

   반면, 아직도 마음에 앙금이 남아 있다면?("흥, 이렇게 쉽게는 못 빠져나

가지!") 자신에게 용서할 마음이 생길 만한 보상 수단을 떠올려서 A와 협상한다.

4. A도 B의 의사와는 상관없이 자기 쪽에서 먼저 행동으로 보상하려는 화해 의지를 표명할 수 있다. 이럴 때 A는 B가 오랫동안 하고 싶어했고, 관계 개선을 위해 자신이 기꺼이 마음에서 우러나서 할 수 있는 일을 제안하는 것이 좋다.

5. A가 문제를 해결하려고 최선을 다했고 B도 용서할 마음이 있다면, 반드시 지켜야 할 철칙이 있다. A도 다시는 비난하는 투로 이 상처를 들먹여서는 안 된다. 그것이 불가능하다면 화해는 제대로 이뤄진 것이 아니므로, 처음부터 다시 화해와 용서의 과정을 밟아야 한다.

4장

'사람 좋은' 남편 대 '불평투성이' 아내

끝없는 요구 뒤에 숨은 공허와 불안

남편들은 어떤가? 감정이 있어도 업무니
객관성이니 하는 포장을 씌워 은근슬쩍 바꿔 말하고 그 뒤로 숨기 바쁘다.
한 여자의 진짜 모습을 마주하고, 정을 나누고, 서로 보듬어주는 것
자체가 두려운 것이다. 그래서 남자들은 그런 것은 거부하고,
차라리 소원을 들어주면서 도망치는 것이다.

"아유!" 아내가 한탄했습니다. "정말 끔찍해. 이런 요강 같은 구닥다리 집에서 살아야 하다니! 이 퀴퀴한 냄새하며. 진짜 구역질 나. 당신이 우리가 살 아담한 집 한 채 달라고 해볼 수도 있었잖아. 다시 바다에 가서 그 넙치를 불러다 놓고 작은 집이 한 채 있어야겠다고 말해봐."

"뭐?" 남편이 말했습니다. "거기 가서 뭘 어쩌라고?"

"어휴!" 아내가 다시 외쳤습니다. "당신이 그놈을 잡았다 다시 놔줬잖아. 꼭 들어줄 거야. 당장 가봐!"

남편은 그래도 가기 싫었습니다. 하지만 아내가 워낙 심하게 조르는 바람에 할 수 없이 집을 나섰습니다.

"내 아내 일제빌이 좋아하는 것과 내가 좋아하는 것은 너무 달라."

이 말은 앞에 인용한 그림 형제의 동화 〈어부와 아내〉에 등장하는 어부 남편이 수시로 입에 올리는 후렴구다. 워낙 유명한 동화니 이 이야기는 대부분 잘 알 것이다. 여기 나오는 어부의 아내는 하도 욕심이 많아서 무엇을 얻어도 만족할 줄 모른다. 남편은 최선을 다해, 굳이 내키지도 않는데 아내가 해 달라는 걸 다 해준다. 하지만 아내의 소원은 그칠 줄 모르고 점점 커지는 것은 물론이요 기상천외하게 변하기까지 한다. 결국 받아서 마땅한 벌을 받아 지금껏 얻은 모든 것을 다 잃고, 맨 처음 그저 벗어나는 게 소원의 전부였던 낡은 오두막이 달랑 남는다.

필자는 언젠가 성인이 되어 이 동화를 다시 읽었을 때, 일하면서 만났거나 친구로서 알고 지내는 많은 부부들이 생각났다. 사람 좋은 남편, 그리고 항상 불만인 아내. 혹시 주변에서 이런 부부를 본 적이 없는가? 아니면 당신 부부의 모습이 이렇지는 않은가? 어째서 그토록 많은 아내들이 불만을 잔뜩 품은 채 남편과 부부로서 살아가는 걸까? 최근 나온 어느 연구 결과에 따르면, 기혼 여성들이 미혼 여성들보다 훨씬 자주 우울함을 느낀다고 한다. 얼마나 의외인가! 언뜻 떠오르는 생각이지만, '가엾은 독신' 여성들이야말로 더 우울하게 지내지 않을까? 그런데도 전문가들은 우리 예상과 정반대되는 사실을 밝혀놓았다!

이번에는 남편들한테 물어봤다. 그러자 남자들은 이 연구 결과가 그다지 놀랍지 않다는 반응을 보였다. 몇 명한테만 가볍게 물어봐도 비슷한 대답이 튀어나왔다.

"우리 집사람은 만족할 줄 몰라요. 항상 더, 더 하면서 요구가 끊이지 않아요!"

왜 이런 일이 생기는 걸까? 지칠 줄 모르는 욕망은 여자들의 천성일까? 고대 신화에 나오는 탐욕스런 여신들, 혹은 전 세계 각국의 전설에 자주 등장하는, 남자들을 유혹하여 파탄으로 이끄는 요녀들의 모티브만 떠올려 봐도, 이런 치명적인 여성상은 남성들의 깊숙한 불안 판타지에 근거를 둔 것으로 보인다. 하지만 동화 〈어부와 아내〉를 더 깊숙이 들여다보면 천성이니, 원형이니 하는 것과는 다른 모습이 우리 눈에 들어오기 시작한다.

아내의 환상과 남편의 현실주의

어부와 아내는 다 쓰러져 가는 ('요강' 같은) 오두막에 산다. 어부인 남편이, 말할 줄 아는 신기한 물고기를 잡았다가 다시 놔줬기 때문에 일제빌은 이 고기가 새 집 한 채를 마련해줄 거라는, 그야말로 창의력 넘치는 아이디어를 떠올린다. 그러니까 일제빌은 환상을 만들어내는 능력이 있는 것이다. 그것도 지금 자신이 처한 상황의 한계를 훌쩍 뛰어넘는 그런 환상이다.

반면 어부는 아내의 환상에 아연실색한다. "대체 무슨 소원을 빌라는 거야?" 도무지 이해가 안 되는지라 남편이 묻는다. 그는 워낙 복지부동인 데다 주어진 것 외에는 생각할 줄 모른다. 자기 인생이 지금과 딴판으로 바뀔 수 있다는 상상은 꿈에도 하지 못하는 것이다. 혹시 당신도 그런 남자를 본 적이 없는가? 이것이 바로 '사람 좋은' 남편과 '불평투성이' 아내가 서로 갈등하고 대립하기 시작하는 대목이다.

여자는 상상력이 풍부해서 어떤 것이든 머리 속에서 공상하고 꿈을 꾼다. 처음에 남자가 여자에게 반한 이유도 바로 그 점 때문이었을지 모른다. 하지만 시간이 흐르면서 아내의 그런 면은 점점 남편을 불안하게 하고 힘들게 한다. 아내와 함께 머리 속에 떠오르는 온갖 멋진 꿈을 같이 상상하고 그것을 때로는 현실의 틀에 맞게 조정하는 일은 못할망정, 아내의 아이디어에 그저 경직된 '현실주의'로만 대응하는 것이다. 남자가 요지부동일수록 아내의 환상은 점점 더 극치를 달린다. 흔히 말하는 '분수를 모르는' 아내 옆에는 항상 실과 바늘처럼, 유별나게 '현실적'이고 변화를 모르는 남편이 따라다닌다.

내 힘으로 서지 못하는 이유

눈여겨볼 것이 하나 더 있다. 어부는 시작부터 끝까지 어떻게든 아내가 시키는 일을 다 하기는 한다. 아내가 바다에 보낼 때마다 일일이 가서 넙치한테 소원을 말한다. 그런데 아내의 소원이 그럭저럭 이해되고 고개가 끄덕여질 만한 것이었을 때부터, 그러니까 맨 처음 아내가 작은 집 '한 채만' 원했을 때부터도 어부는 내키지 않는 발걸음을 억지로 뗀다. 한마디로 그 소원이 싫고 도무지 동의할 수 없었던 것이다. 그런데도 일제빌은 남편더러 물고기한테 가라고 재촉한다.

왜 그녀는 자기가 직접 나서서 그 생각을 행동에 옮기지 않았던 걸까? 자기가 직접 가서 물고기가 뭘 해줄 수 있는지 알아보면 될 텐데 말이다. 왜일까? 그러려면 그 비좁은 집에서 걸어나와 드넓은 바닷가와 어마어마한 바다로 뛰쳐나갔어야 한다. 혹시 그럴 용기가 안 난 걸까? 겁이 난 건 아닐까? 더러운 요강 같은 오두막일지라도 그 안은 바깥보다 따뜻하고 편안하다.

어떤가, 당신도 익숙한 자신의, 혹은 내 친구의 모습이라고 생각하지 않는가? 남편이 하루 종일 밖에 나가 일하는 동안 아내는 집에서 이불을 덮고 따뜻하게 앉아 있으면 된다. 애들이 있다 해도 어느 정도 크면 매시간, 매초마다 엄마 손이 필요한 것도 아니다. 언젠가는 자기 나름대로 인생을 시작해야 하고, 힘들어도 직장에 다시 나가고, 자기만의 목표를 좇으며 자기만의 꿈을 실현해야 할 때가 오는 것이다. 하지만 공포와 불안이 엄습하고 자신감도 없다. 그러나 차라리 몸에 익은 집(비록 '요강'일지라도)에 눌러앉아서 남편에게 자기가 만족할 만한 것을 가져다 달라고 하는 편이 낫지 않을까? 일제빌이 왜 항상 남편만 보내고 자신은 꿈쩍도 하지 않는지 그 이유를 더 자세히 살펴보자.

아내의 진짜 소원

일제빌은 자기 자신을 그다지 존중하지 않는 여자로 보인다. 그녀는 자기가 이 요강 같은 집에서 얼마나 기분이 안 좋고 불행한지 잔뜩 감정을 섞어 늘어놓는다. 남편의 반응은 어떤가?

"거기 가서 뭘 어쩌라고?"

목석도 이런 목석이 따로 없다! 아내의 기분을 헤아리는 말 따윈 한마디도 없다.

"뭐, 당신 이 집이 그렇게 싫어? 난 정말 몰랐는데! 진짜야? 진짜 그렇게 싫어?" 이런 대답을 하기는커녕, 가기 싫다는 말로 방어 자세만 취한다. 한마디로 아내를 제대로 된 인격체로 대하지 않는 것이다. 그야 물론 결국엔 아내가 원하는 대로 움직이긴 하지만, 그 전에 아내의 소원과 욕구의 원인이 무엇인지 파악하고 납득하는 게 우선 아닐까? 아내를 대등한 인간으로 본다면 너무나 당연한 얘기다. 자, 이쯤에서 한 번 더 묻는다. 이것 역시 혹시 어디서 많이 본 장면이라는 생각이 들지 않는가? 아내인 당신이 자기 감정, 욕구, 갈망, 불안 같은 것을 내비칠 때마다 남편이 내세우는 '사실에 입각한' 논리에 묵살되곤 하지 않았는가?

그리고 혹시 그 다음에 어떤 일이 벌어지는지 기억하는가? 일제빌 역시 덩달아 사실적 차원으로 갈아타며, 어쨌든 어부 남편이 바다로 가도록 만든다. 자기 소원을 무시한 것은 아랑곳하지도 않는지, 강력한 항의는 고사하고 남편을 그냥 내버려둔다. 하지만 그런 무시를 당하고도 어떻게 아무런 영향을 받지 않을 수 있겠는가. 그녀의 마음엔 희미한 흔적이나마 남을 테고, 남편이 결국엔 자기가 시키는 대로 하긴 했어도 두고두고 불만이 사라지지 않을 것이다.

이 무시당한 마음은 결국 '끝이 없는' 소원으로 탈바꿈한다. 집이 생기자 이번엔 성이 필요해지고, 왕도 되고 황제도 되고 싶다. 끝내는 교황을 거쳐 신이 되고 싶다는 소원까지 나온다.

한도를 사정없이 넘어서는 이 무절제함이 말해주는 것은 오직 하나다. 남편이 아무리 '겉으로는' 아내의 소원을 다 들어준다 해도, 아내를 진정한 인격체로 대접하지 않으니 아내 역시 자부심이 안 생긴다. 그러니 아무리 세계를 발밑에 갖다놔준들 마음속엔 바람만 휑하니 불고 그 텅 빈 속을 채우고 싶어서 자꾸만 뭘 더 갖고 싶어한다. 그것은 가지고 또 가져도 채워지지 않는 공허감이다.

이제는 서로 만나야 할 때

'영원히 만족할 줄 모르는 아내'의 역학이 여기서 뚜렷이 드러난다. 갖고 싶고 얻고 싶은 그 무언가가 아내를 이렇게 만드는 것이 아니다. 알고 보면 아내가 원하는 것은 사실, 남편이 자신을 사람으로 대해주는 것, 자신과 진정한 관계를 맺는 것, 두 사람의 눈길이 마주치는 것, 둘이 서로의 가슴과 가슴을 따스하게 감싸주는 것이다. 그렇게만 된다면 일제빌은 성 따위도 필요 없고, 왕이니 황제니 교황이니 하는 것도 될 필요가 없다.

그런데 남편들은 어떤가? 아내가 유독 '진짜' 원하는 그것은 들어주기 힘들어한다. 감정이 있어도 업무니 객관성이니 하는 포장을 씌워 은근슬쩍 바꿔 말하고 그 뒤로 숨기 바쁘다. 한 여자의 진짜 모습을 마주하고, 정을 나누고, 서로 보듬어주는 것 자체가 두려운 것이다. 그래서 남자들은 그런 것은 거부하고, 겉으로나마 뭔가 해야 하니까 차라리 소원을 들어주면서 도망치는 것이다. 대체 왜 그런 일이 생길까? 동화를 샅샅이 뒤져봐도 거기에 대한 단서는 없다. 하지만 아무래도 여자들이 남자들에게 더 적극적으로 다가서고 관계를 맺는 대신 남자들은 여자들에게 그렇게 하지 못하기 때문인 것 같다. 어쩌면 여자들이 남자들에게 어느 정도 어머니 같은 느낌을 주기 때문에, 남편으로서 자기 정체성을 지키기 위해 남자가 거기서 벗어나려고 애쓰는 것처럼 보이기도 한다.

남편들은 자기 아내를 진정으로 알고 그에 맞게 대하는 연습을 해야 한다. 여자들은 남편이 서툴다는 걸 감안은 해도 너무 배려해줘서는 안 된다. 일제빌은 남편이 자기를 무시해도 그냥 내버려뒀다. 그리곤 감당 못할 엄청난 욕심을 부리면서까지 불만을 해소하지 못했다. "거기 가서 뭘 어쩌라고?" 이런 식으로 말하는 남편에게 애초부터 확실하게 못을 박아두었어야 한다. 이를테면, "뭐? 내가 방금 한 말 못 들었어? 집안 곳곳에서 냄새가 나서 기절할 것 같다고 했잖아!" 같은 식으로. 그리고 남편이 자신의 심리 상태에 신경도 쓰지 않은 채 어딘가로 도망치지 않도록 단속을 해야 한다.

　물론 이 대립은 일제빌의 승리로 끝날 가능성이 크다. 이 어부 역시 다른 남자들처럼 어떻든 아내한테 맞추려 하는 '속 좋아 보이는' 남편이 분명하니까. 하지만 '맞춰주는 것'하고 '정말 아내와 공감하는 것' 사이에는 하늘과 땅만큼의 차이가 있다. 그 차이를 남편들이 인식하기 위해서는, 아내들도 눈앞의 '승리'에 취해서 쉽사리 남편들을 '놓아주어서'는 안 된다.

　어쩌면 이 글을 읽는 여자들이 이렇게 말할지도 모른다.

　"글쎄, 과연 내가 남편이 나를 인간적으로 대해주느냐 아니냐 그 문제 때문에 그렇게 웃고 울고 하는 게 맞는 걸까?"

　맞다. 그건 단지 한 부분일 뿐이다. 또 다른 중요한 하나는 앞서 이미 이야기했으며, 아내들이 특히 남편에게서 배워야 할 점이기도 하다. 바로, 자기의 관심사를 스스로 추구하는 데 망설이지 말라는 것이다. 일제빌이 만약, 모든 걸 남편 손에 맡기지 말고 직접 그 넙치와 만나서 자기 운명을 자기 손으로 개척해 나갔다면 그렇게 계속 광적인 불만에 휩싸이진 않았을 것이다. 여자들이 자기에게 필요한 것을 스스로 나서서 구하려고만 한다면, 지금보다 훨씬 더 많은 기혼 여성들이 우울함에서 벗어날 수 있을 것이다!

끝없는 불만족을 푸는 방법

1. 바라는 게 너무 많다면, 오히려 그 뒤에 진짜 소원이 따로 숨어 있을지도 모른다. 그리고 그 소원은 훨씬 구체적이고 현실적인 것일 경우가 많다.

2. 누군가 과도한 외적인 욕심을 부리면서 아무리 채워도 충족되지 않는 불만족을 호소한다면, 돈이나 재산 문제가 아닌 인간 관계에서 답을 찾는 것이 가장 빠르다.

3. 성별에서 오는 차이가 여기서도 크게 작용한다. 여자들은 관계 중심적 인간이지만 남자들은 사물 중심적 인간에 가깝기 때문이다.

4. '항상 불만인 아내'와 '속 좋아 보이는 남편'의 전형적인 구도를 푸는 방법은, 서로의 성향을 더 잘 이해하고 그 사이에서 합의점을 찾아내는 것이다.

5장

내 안의 그림자 들여다보기

상대방의 잘못만 보는 커플

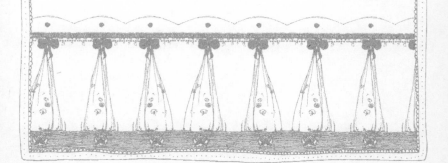

* * *

내 안의 '그림자'는 낯설고 불편하고 한편으로
나를 위협하기도 한다. 그래서 우리는 대응 수단을 강구하는데,
이 대응 수단이 바로 심리학에서 말하는 '투사'이다.
즉, 우리는 타인에게 우리의 그림자를 투사하고 그것을
꼬투리 삼아 그 사람을 비난한다.

알프레드는 질서를 끔찍이 사랑하는 남자다. 그는 모든 물건이 제자리에, 반듯하게 정리되어 있어야 하고 무엇이든 금방 찾을 수 있게 놓여 있어야 직성이 풀린다. 그래서 아내인 앙겔리카가 자기만큼 질서 관념이 없다는 사실 때문에 미칠 듯이 화가 솟구치기도 한다. 알프레드는 아직 자기가 직접 확인하고 철하지 않은 신용카드 전표는 반드시 전화기 옆에 가지런히 놓여 있기를 바란다. 그런데 앙겔리카는 가끔 전표를 한번은 책상 위에, 한번은 부엌 식탁 위에 놓아두기도 한다.

또 알프레드는 식초를 반드시 항상 두는 그 선반, 그 자리에 놓아야 한다는 원칙이 있다. 반면 앙겔리카는 그저 대충 선반을 둘러봤을 때 식초가 보이면 괜찮다고 생각한다. 아내가 자신과

이런 식으로 다르고 어긋난다는 사실을 새삼스럽게 깨달을 때마다 알프레드는 이성을 잃는다. 특히 퇴근하고 집에 돌아왔는데 현관에 발을 들여놓자마자 아들 녀석의 곰 인형이 발에 치이고 아이는 저만치 안쪽에서 다른 장난감을 갖고 노는 장면이 눈에 띄기라도 하면 그는 참지 못하고 즉각 화를 폭발시킨다. 이럴 땐 언제나 부부 싸움이 시작된다.

처음에는 두 사람도 노력을 해봤다. 알프레드는 좀 더 관대해지려고 했고 앙겔리카는 남편의 기대에 맞춰보려고 애썼다. 하지만 아무리 신경 써도 한 번쯤은 카드 전표가 식탁 위에 놓여 있었고, 길 잃은 인형 하나가 현관 바로 앞에서 굴러다니는 일도 자주 일어났다. 그런 일이 반복되다 보면 어느 순간 알프레드도 인내심의 한계를 느낄 때가 있다.

이제는 두 사람 모두 포기했다. 앙겔리카는 곧잘 냉정을 잃고 남편을 향해 "깐깐한 좀생이"라고 소리쳤으며, 알프레드는 아내를 "정신없는 여자"라고 부르거나, 혹은 심지어 '화냥년'이란 욕설까지 퍼부었다. 두 사람은 저마다 이게 모두 상대방 잘못이므로 태도를 고쳐야 하는 쪽도 상대방이라고 생각했다. 이 부부는 도무지 풀리지 않을 것 같은 갈등에 얽매여 있었다. 잘 알려진 성경 구절(누가복음 6장 39~42절)을 인용해 표현해보면, 그야말로 이 두 사람은 배우자의 작은 흠을 보고 미칠 듯이 흥분하면서도 '제 눈의 들보'는 도무지 볼 줄 몰랐던 것이다.

희생양 메커니즘

우선 알프레드의 마음 속을 살펴보자. 제일 먼저 이런 의문이 떠오른다. 그가 앙겔리카의 무질서에 그토록 심하게 화를 내는 이유는, 혹시 자신과 자신의 잘못을 찬찬히 되돌아보고 그것을 바로잡을 시간이나 의욕이 없어서 그런 건 아닐까? 구체적으로 말해, 혹시 직장 동료들과 안 좋은 일이 있었던 건 아닐까? 아니면 몇 주 전부터 잔디 깎는 기계를 수리한다고 해놓고 차일피일 미루고 있기 때문은 아닐까? 혹은 어린 아들과 놀아줄 시간이 전혀 안 나서?

질서니 무질서니 하는 기준만 놓고 본다면 알프레드는 항상 정의의 편에 서게 될 테고, 앙겔리카는 아무리 애써도 모든 불행의 원흉이자 죄인이 될 수밖에 없다. 여기엔 인류사에서 이미 온갖 재앙을 초래한 적 있는 사회심리학적 메커니즘, 즉 '희생양 메커니즘'이 작동하고 있다.

한쪽이 다른 한쪽에게 지나치게 심하게 어떤 일의 책임(죄)을 일방적으로 뒤집어씌울 때는, 대개 자신도 그 사태에 책임이 있다는 죄책감을 애써 지우려는 것이다. 그렇게 보면 앞서 말한 성경 구절이 딱 맞아떨어진다. 남의 눈에 들어 있는 티끌에 일일이 흥분하는 사람은 십중팔구 자기 눈에 든 들보를 보지 못한다. 알프레드는 아내의 행실을 사사건건 트집 잡기 전에 자기 잘못은 없는지 먼저 돌아보아야 한다.

물론 내 눈의 들보를 먼저 찾는 일은 쉽지 않다. 그리고 여기엔 나름대로 이유가 있으며, 보기보다 더 복잡하면서도 교묘한 문제가 뒤엉켜 있다. 그렇다면 맨 먼저, 알프레드가 왜 하필이면 정리 정돈에 그렇게 목숨을 거는지 진지하게 따져보자. 자기 잘못이나 결점을 덮어두려는 것이라면 다른 소재도 많을 텐데 하필 갈등이 빚어지는 건 꼭 정리 정돈 때문이다. 그중에서도 특히 식탁 위에 놓인 카드 전표와 현관 마루의 곰 인형은 그 어떤 것보다도 그를 격분하게 만든다. 단순히 '알프레드가 워낙 정리벽이 심한 사람이니까' 하고 단정하는 건 논리가 부족하다. 정말 그렇다면 오히려 그런 일에 이성을 잃고 화를 낼 필요까지는 없다. 자신이 치울 수도 있는 문제니까.

좀 더 엄밀히 표현하면 그는 그런 무질서에 대해 '그냥' 화를 내는 것이 아니라, 그야말로 기다렸다는 듯 아주 '열성을 다해' 화를 낸다. 알프레드가 자신이 트집 잡을 만한 사건을 찾는 모습은 쾌락을 쫓는 사람의 모습과 흡사하다. 그의 이런 열성은 당연히 사태를 심각하게 악화시킨다. 앙겔리카는 아무리 애써도 자기가 빠져나갈 틈이 없다는 절망감에 사로잡힌다. 언제 어디서든 남편은 앙겔리카가 한 작은 실수를 놓치지 않고 찾아낼 테고, 그럼 그동안 남편의 기준을 지키려 쏟아 부은 모든 노력도 한순간에 물거품이 되고 말 것이기 때문이다.

내 안의 숨겨진 그림자

내가 보기엔, 현대 심리학이 더불어 사는 삶에서 중요하다고 강조하는 깊은 통찰이 '제 눈의 들보'라는 이 성경 구절 한마디에 담겨 있다. 분석심리학의 기초를 세운 카를 구스타프 융(Carl Gustav Jung)은 인생이 양극, 그러니까 서로 반대되는 요소로 이루어져 있다는 말을 했다. 한 면이 크게 부각된다고 해서, 반대 부분이 쉽게 사라지는 것은 아니라는 뜻이다. 즉, 누군가 겉보기에 매우 합리적이고 절대로 감정을 드러내지 않는 사람이 있다면, 그 사람에게 감정적인 측면이 존재하지 않는 것이 아니라 마음 깊은 곳에 고스란히 감춰져 있다는 것이다. 부지런한 사람도 반대되는 태도 즉 게으름에서 완전히 자유롭지 못하다. 게으름이야말로 그 사람 마음 속에서 끈질기게 활동하는 가장 골치 아픈 적일지도 모르며, 그는 그 게으름에 주도권을 넘겨주지 않으려고 더 열심히 부지런을 떠는 것인지도 모른다. 융은 이것을 가리켜 '그림자'라고 명명했다.

융은 우리가 어떤 심리적 성향을 강하게 나타낼 때 그 반대되는 요소가 우리 마음에서 사라지지 않고 내면 깊숙이 자리 잡으며, 은폐된 형태 즉 '그림자'로서 살아 있다고 말했다. 그림자란 쉽게 말해 '내'가 인정하고 싶지 않은 내 심리의 어두운 측면이다. 이성적인 사람의 그림자는 감정적 측면이며, 그 사람은 감정에 압도당하지 않고 어떻게든 합리성을 유지하려고 갖은 애를 쓴다. 부지런한 사람의 그림자는 게으름이기 때문에 이 사람은 갑자기 게으름의 역습을 받아 마비되지 않으려고 쉴 새 없이 부지런을 떤다.

융의 그림자 이론을 떠올리며 알프레드와 앙겔리카 이야기로 돌아가보자. 혹시 알프레드는 사실 자기 내면이 온통 혼란으로 가득차 있어서 그토록 질서를 사랑하는 것이 아닐까? 자기가 극단적인 정리벽까지 동원해 가며 가까스로 제압하고 있는 내면의 혼란을 앙겔리카의 무질서가 툭툭 건드리기 때문에 그토록 심하게 반응하는 것은 아닐까? 그렇다면 알프레드 안에 자리 잡고 있는 내적인 혼란이란 과연 어떤 것일까?

정리벽이 심한 사람의 심리를 들여다보면 겉보기와는 딴판으로 말끔함과는 거리가 먼 경우가 많다. 예컨대 그런 사람들은 어렸을 때 타인의 비난이 두려워 자신의 폭력성이나 성적 충동을 정면으로 대면할 기회가 없었을 수도 있다. 그래서 공격적·성적 욕구를 뭉뚱그려 마음 깊은 곳에 처박아 두고 꽁꽁 잠가놓는 방법밖에는 다른 수가 없었을 수도 있다. 그 욕구들은 다시 무의식 속에서 처리되지 못하고 해명되지 못한 채 부글부글 썩기만 했을 것이다. 그렇게 한번 제대로 들여다보지도 못하고 광적인 정리벽으로 겨우 제어하고 있던 그림자가 자꾸만 저 마음 깊은 곳에서부터에서 위로 솟구쳐 오르려 꿈틀댄다. 그 때문에 배우자의 눈에 든 티를 볼 때마다 자꾸 자기 눈의 들보가 연상되는 알프레드는 불같이 흥분할 수밖에 없었다.

눈을 뜨고 나를 바라보자

융은 이렇게 말했다. 내 안의 그림자는 낯설고 불편하고 한편으로 나를 위협하기도 한다. 그래서 우리는 대응 수단을 강구하는데, 이 대응 수단이 바로 심리학에서 말하는 '투사'이다. 즉, 우리는 타인에게 우리의 그림자를 투사하고 그것을 꼬투리 삼아 그 사람을 비난한다. 알프레드가 앙겔리카더러 "정신없는 여자"라고 욕하는 걸 봐도 그렇다. 물론 앙겔리카의 무질서가 갈등의 발단이 되긴 했지만, 실제로 그가 그렇게 광분하는 이유도 알고 보면 아내의 무질서에서 자기 내면의 그림자, 즉 자기 안에 있는 혼돈과 맞닥뜨렸기 때문이다.

심리적인 면에서 이런 투사는 알프레드에게 유리한 부분도 있다. 앙겔리카가, 알프레드 자신이 짊어져야 할 혼돈을 대신 체화해주고 있기 때문이다. 아내에게 '화냥년'이라는 성적인 욕설을 하는 것도 쉽게 이해할 수 있는 대목이다. 아내의 무질서에 대고 욕을 함으로써 굳이 자기 마음 속에 일고 있는 혼돈을 불러내어 고민할 필요가 없기 때문이다. 아내를 비난하기만 하면 마음이 편해진다. 하지만 그 대신 관계는 당연히 망가진다. 배우자에게 그런 대우를 받는 사람은 모든 것이 암울하다. 저 속 편하겠다고 나를 도구로 이용하는 게 아닌가. 원래는 제 문제인 것을 내게 뒤집어씌워서 대신 욕을 먹으라고 하다니!

그런데 지금까지 알프레드에 대해 성경 구절과 융 심리학을 바탕으로 분석한 모든 것이, 거꾸로 앙겔리카에게도 그대로 적용된다. 부부의 문제는 항상 상호관계 속에서 일어난다. 앙겔리카처럼 대부분의 일에 소위 '대범한' 태도를 보이는 사람들은 그 내면을 들여다보면 실은 자기 안에 있는 정반대 성향에 저항하고 있는 경우가 많다. 다시 말해 한 치의 오차도 허용하지 못

하는 결벽증이 마음 속에 도사리고 있는 것이다. 어쩌면 정리
정돈 문제에 대한 앙겔리카의 '대범함'이 실제로는 대범함과
거리가 멀 수도 있다는 뜻이다. 오히려 그 대범함이야말로 어려
서부터 부모에게서 요구받았던 지나치게 빈틈없는 태도에 고
집스럽게 저항하려는 제스처인지도 모른다. 자신도 모르는 사
이에 굳이 정반대로만 행동함으로써 거부 의사를 표현하는 것
일 수 있다는 말이다.

하지만 그렇게 행동한다고 결벽증이 없어지는 건 아니다. 앙
겔리카는 그것을 부모가 남긴 내적 이미지와 뒤섞은 뒤 그림자
들이 가득한 창고에 그냥 밀어 넣어둔 것뿐이다. 그런데 알프레
드라는 사람에게서 이 그림자가 살아 움직이며 그녀에게 얼굴
을 들이민 것이다. 앙겔리카도 나름대로 자기 내면에 숨은 과도
하게 엄격한 성향을 알프레드에게 투사한 셈이고, 다시 그것에
거센 거부 반응을 보인 것이다. 두 사람에게 일어난 일은 결국
똑같은 것이었다. 상대방 눈에 든 티에 눈을 고정시키는 동안
자기 눈에 든 들보는 보지 못했다. 그리고 각자 상대방을 죄인
취급하기만 했으니 관계가 차츰 망가질 수밖에 없었다.

성경은 그 구절 뒤에 이어지는 문장으로 우리에게 단순명료
한 충고를 던진다.

"먼저 네 자신의 눈에서 들보를 뽑아내라. 그러면 네가 명확

히 보고서 네 형제의 눈 속에 있는 티를 빼내리라."

그러나 실제 삶이 말처럼 쉽지는 않다. 지금까지 설명한 그림자 투사의 메커니즘과 타인에게 투사한 그림자를 제거하려는 심리적 메커니즘을 자신의 실제 부부 생활에서 꿰뚫어보기란 무척 어려운 일이기 때문이다. 이 물고 물리는 그림자 투사의 고리에서 헤어 나오지 못하는 부부들은, 앞서 말한 성경 구절 바로 앞에 등장하는 '소경들', 즉 서로가 서로를 구덩이로 인도하는 눈먼 이들과 닮았다. 우리가 제일 먼저 할 일은 눈을 뜨고 보는 일이며, 그래서 예수가 먼 옛날 뭇 사람들을 향해 던진 충고를 따르는 일이다.

부부는 서로를 비추는 거울

눈을 뜬다는 건 먼저 앞서 말한 그런 심리적 관계를 인식하고 진지하게 생각한다는 뜻이다. 많은 사람들, 특히 종교를 가진 사람들이 그런 인식을 쉽게 무시해버리는 경향이 있다. 하지만 그들은 바로 그 순간 인생을 사는 데 아주 중요한 보조 수단을 내다 버리는 셈이다. 또 눈을 뜬다는 것은 자기 자신에게 정직해진다는 뜻이다. 알프레드와 앙겔리카 부부를 등장시켜 했던 이야기는 모두 지극히 인간적인 것이다. 누구든 그 심정을 이해할 수 있고 쉽게 공감할 것이다.

"그래, 나도 똑같아. 나한테도 그림자란 게 있지. 내 아내(남편)에게 그걸 투사하고 그것을 비난하며 공격하려고 할 때가 많아."

마지막으로, 눈을 뜬다는 것은 상대방에게서 나를 본다는 것이다. 남편이나 아내가 나를 화나게 하는 그 순간, 내게 아주 중요한 어떤 것, 즉 내 속의 그림자를 상대방이 드러내주고 있는 것은 아닌가 의심해봐야 한다. 내가 특히 싫어하고 화를 내는, 배우자의 어떤 모습을 들여다보면, 내가 가장 유심히 고민하고 개선해야 할 과제가 보일지도 모른다는 뜻이다.

내 배우자는 자기에게 있는 조그만 티로 내 눈의 들보를 가르쳐준다. 이 들보를 찾아내고 그것을 뽑아내는 일은 분명 불편하고 고통스러운 일이긴 하다. 하지만 상대의 결점을 책망하고 욕할 게 아니라, 나 자신을 돌아보고 고치는 데 그것을 역이용할 수 있다면 그보다 훌륭한 사랑의 행위가 어디 있겠는가. 우리는 눈 먼 장님처럼 서로를 구덩이로 이끄는 대신, 둘 사이에 마찰이 빚어지는 바로 그 지점에서 함께 발전하는 삶의 반려자가 되어야 한다.

상대의 '잘못'을 대하는 규칙

1. 상대의 어떤 부분 때문에 화가 난다면 거의 대부분은 나에게 문제가 있는 경우가 많다. 누군가 혹은 무엇으로부터 거부당한 어떤 것이 내 마음 속에 잠자고 있어서 그것 때문에 자꾸만 불안해지는지도 모른다.

2. 상대방이 어떤 잘못을 했다는 생각이 들 때, 고압적이지 않고 차분하게 접근하려면 가장 먼저 자기 마음 속의 '그림자'를 들여다보아야 한다.

3. 공동 생활의 조직적인 문제에 얽힌 '잘못'이 있다고 판단되면, 실천 차원에서 해결책과 합의점을 찾으려고 노력하자. 다만 그것만으로는 충분치 않은 경우도 가끔 있다. 힘든 과정을 거쳐야만 해결이 가능하거나 혹은 아예 해결이 불가능해 보이는 대립 구도도 있기 때문이다. 그럴 땐 부부 각자가 상대방이 아닌 자기 마음 속의 그림자로 시선을 돌리고 그것을 진솔하게 바라보고 따스하게 받아들이려 노력할 때 비로소 의미 있는 진전을 이룰 수 있을 것이다.

6장

지금 내 모습 그대로 사랑해줘

변화의 요구에 대처하는 방법

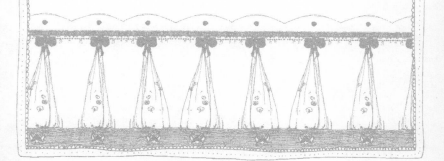

* * *

우리는 사랑에 빠졌을 때 상대에게 내가 꿈꾸는
'이상적 자아'를 투사하기 때문에 그가 훨씬 멋지고 사랑스러워
보입니다. 상대방에게서 왜곡된 방식으로 내 모습을 찾는 건 사랑이
아닙니다. 내 자아를 넘어서 상대와 소통하는 길을
만드는 게 진짜 사랑 아닐까요?

상대가 변하기를 바라는 마음

브리기테 (상담자인 필자를 향해, 푸념하듯) 남편이 도통 입을 안
열어서 너무 힘들어요. 퇴근해서 집에 오면 말없이 저녁만 꾸역
꾸역 먹고는, 자기 물건을 놔둔 방으로 가거나 컴퓨터 앞에만
앉아 있어요. 난 그 사람이 뭘 생각하고 어떤 심정인지 아는 게
하나도 없어요!

그레고르 (역시 상담자에게) 집에 오면 완전히 진이 빠진 상태예
요. 뭘 더 듣고 싶지도, 보고 싶지도 않아요. 그런 나에게 얌전
히 자기 옆에 앉아서 이것저것 상냥하게 종알거리라는 건 무리
한 요구예요! 나한테도 나만의 시간이 있어야죠!

따스한 관계를 바라는 아내의 심정과 그것을 거부하는 남편의 태도. 어디선가 많이 본 듯한, 아니 실제로 많은 부부들이 봉착하는 관계의 딜레마다. 그레고르의 태도를 한마디로 바꿔보면 "난 원래 이런 걸 어떡해! 지금 이대로의 내 모습을 인정해줘!"이다. 배우자가 변하길 바라는 마음은 종종 은근하기도 하지만 또 요란하기도 한 비난의 형태("지금 당신 태도는 틀렸어!")로 표현된다. 반면, 그 바람을 거부하는 태도는 현실이라는 이름을 달고 있다.("난 그냥 나야! 지금 이대로가 좋아.")

막다른 골목처럼 답도 없는 이 문제에 갇혀 수많은 부부들이 아파하고 힘들어한다. 둘 사이에 이 민감한 문제가 발생할 때마다 똑같은 싸움이 일어나거나, 아니면 둘 다 체념하고 침묵한 채 냉랭한 분위기 속에 살아간다. 대부분의 부부는 후자의 모습을 보이는데, 아무리 말 한마디 입 밖에 내지 않는다 해도 각자 속으로는 비난의 자세와 거부의 자세를 결코 포기하지 않고 있다는 게 더 큰 문제다.

그렇다면 변화의 요구에 '올바르게' 대처하는 방법은 무엇일까? 물론 한마디로 딱 잘라 말하기는 힘든 일이다. 여기서 단순한 규칙을 나열한다면 그것 역시 눈 가리고 아웅 하는 식에 불과할 것이다. 그 대신 필자는, 변화를 요구하는 브리기테와 거부하는 그레고르에게 각기 몇 가지씩 질문을 던지는 방법을 택하려고 한다. 독자들이 함께 이 질문에 답하다 보면 각자 다른 대답을 내놓을 게 분명하다. 그리고 그러면서 여러 부부들이 때론 이렇게 때론 저렇게, 상대방의 변화 요구에 대처할 수 있다는 결론도 이끌어낼 수 있을 것이라 믿는다.

자, 먼저 그레고르에게 질문을 던져보자.

거부하는 쪽에 묻는 질문

1. 당신이 브리기테의 요청을 그토록 야박하게 거절하는 이면에는 어떤 노여움이 도사린 듯 보입니다. 왜 그렇게 화가 나 있습니까? 혹시 브리기테가 당신을 정말 '사랑'하는 게 맞다면 당신더러 자꾸만 달라지라고 요구하지 않을 텐데 하고 생각하는 건 아닌가요? 당신이 말하는 사랑은 완벽한 사랑, 모든 것을 감내하고 모든 것을 받아들이는 그런 사랑이겠지요? 정말 아름다운 얘깁니다. 하지만 동시에 그것은 어린애 같은 사랑이 아닐까요? 어린아이는 부모에게 완벽하면서도 모든 것을 받아주는 그런 사랑을 요구할 권리가 있습니다. 그러나 어른들의 사랑은 다릅니다. 어떤 중요한 부분에서는 상대방에게 내가 마땅치 않을 수도 있고, 그래서 상대를 위해 그가 원하는 방향으로 바꾸

려고 노력해야 할 때가 있다는 걸 알아야 합니다.

2. "그런 나에게 얌전히 자기 옆에 앉아서 이것저것 상냥하게 종알거리라는 건 무리한 요구예요!" 당신의 이 말은 비아냥거리는 것처럼 들립니다. 혹시 상대가 원하는 바람을 무시하는 뜻이 배어 있지는 않나요? 아내의 소망을 "상냥하게 종알거린다"는 말로 우스개 취급했군요. 왜 꼭 그렇게 바라봐야 할까요? 물론 아내의 소망을 들어주기 싫거나, 들어주지 못할 수 있습니다. 하지만 그래도 그 소망을 깎아내릴 권리는 없습니다. 아내의 요구를 정당한 것으로, 상식적이고 공감할 수 있는 것으로 인정했다면, 비록 당신이 어떤 이유에서 그 요구를 받아들이지 못했다 해도 분위기는 여전히 부드러웠을 겁니다. 부부 사이에 가장 많이 상처를 받는 대목도 바로 이런 경우이지, 상대의 거절이 아닙니다! 혹시 아내의 요구를 폄하해 그 다음에 당신이 선언할 거부를 '정당화'하고 싶었던 건 아닌가요?

3. 당신의 말 속에는 '떼쓰기', 즉 반항도 느껴집니다. 약간 과장해서 말한다면, "특히 당신이 하자니까 더 안 할 거야!"라는 뜻이 포함된 것 아닐까요? 반항적으로 반응하는 사람들은 대개 무엇으로부터 스스로 방어하려는 경우가 많지요. 그 무엇

이 대체 뭘까요? 어쩌면, 아내의 바람에 부응하면 지는 거라고 생각하진 않나요? 그래서 지금까지 당신의 태도가 잘못된 것이었다는 걸 인정하는 셈이 된다고 믿는 건 아닌가요? 잘못하면 안 됩니까? 어째서 실수하면 안 되지요? 실수하는 순간 아내보다 못한 존재가 된다고 믿는 건가요? 조금 더 따져봅시다. 혹시 지금까지 살면서 '실수하는 것' 때문에, 그 누구에게도 들키고 싶지 않을 만큼 고통스런 경험을 한 적이 있습니까? 아니면 혹시 아내가 '벌써 또 다른 걸 요구하고' 당신은 부부 사이에서 (이를테면 성적 관계에서) 얻는 것이 없다고 느껴서 짜증이 나는 건 아닐까요? 그렇다면 당신 방이나 컴퓨터 앞으로 도망쳐서 불화를 일으키지 말고 그런 당신의 속마음을 터놓고 이야기해야 합니다. 아주 기본적이고 중요한 문제인, 당신 부부의 '주고받음 계좌'가 균등하게 운영되는지, 한쪽이 너무 밑지는 건 아닌지 따져보는 겁니다.

4. 혹은 브리기테가 하필 당신의 '허점'을 정확히 찔렀기 때문에 화가 치미는 게 아닐까요? 사실 당신도 아내와 자주 얼굴을 맞대고 속을 터놓고 두런두런 얘기를 나누고 싶었지만 여러 가지 이유에서 실행에 옮기지 못했을지 모릅니다. 그런데 그걸, 즉 당신이 고치고 개선해야 할 점을 아내가 건드린 거지요. 정

말 그렇다면 그렇게 거부하지만 말고 아내의 소망을 당신의 발전 계기로 삼으면 어떨까요? 혼자서 힘들다면 '자기 발견'이나 '좋은 남편 되기' 같은 주제의 강좌를 들어보세요. 거기서 마음속을 더 잘 표현하는 법을 배우는 것도 좋은 방법입니다.

상대가 바뀌기를 바라는 쪽에 묻는 질문

지금쯤 브리기테는 이런 생각을 떠올리고 있을지 모른다. '그것 봐, 이제 자기가 얼마나 문제가 있는지 잘 알았지?' 하지만, 브리기테 역시 고민하고 따져봐야 할 문제가 있다. 자, 시작해보자.

1. 언뜻 보니 그레고르는 당신의 비난 때문에 공격받은 기분인 듯하군요. 그래서 묻는 말인데, 당신은 구체적으로 그레고르의 어떤 행동이 변하길 바라는 건가요, 아니면 훨씬 더 깊고 큰 어떤 것, 그러니까 그레고르라는 사람 자체가 달라지길 바라는 건가요? 만약 전자가 맞는다면, 당신의 소망은 비교적 어렵지 않게 이루어질 가능성이 있습니다. 남편이 침묵하는 대신 이야기하고, 자기 방으로 가버리는 대신 곁에 머무는 것을 바란다면

말이죠. 하지만 후자의 경우라면 다릅니다. 어쩌면 그냥 '얘기'만 하는 게 아니라 감정을 잘 내비쳐야 하고, 그냥 자기 방으로 가버리지 않고 있어주는 것 말고도 더 자상하고 따뜻하게 대해 줘야 하고, 또 그냥 '곁에' 있어주기만 하는 게 아니라 진정으로 당신과 교감하는 걸 바라는 게 아닐까요?

전부 다 충분히 이해가 가는 얘기입니다. 하지만 당신도 반드시 알아야 합니다. 그런 것들은 상대가 단순히 마음먹는다고 하루아침에 당장 바꿀 수 있는 것들이 결코 아니란 겁니다. 당신이 그런 것을 바란 게 맞다면, 당신은 그야말로 그레고르에게 치열한 자기와의 싸움을 하라고 요구한 것이나 마찬가지입니다. 더욱이 그런 싸움은 아무리 남편이 충분히 준비가 되어 있다고 해도 그 자신이나 당신이나 모두 무척 많은 인내심을 가져야 하는 과정입니다.

2. 조금 더 파고들어 볼까요? 마음 속을 잘 들여다보세요. 당신이 그레고르한테 바뀌길 바라는 점은 몇 가지 특정한 불만에 연관된 것인가요, 아니면 아주 근본적이고 전반적인 관계 문제와 얽혀 있는 것인가요? 혹시 그래서 남편이, 제발 달라져 달라는 당신의 말에서 다른 요구를 읽고 언짢은 기분이 든 건 아닐까요? '나더러 다른 사람이 되라는 건가? 아예 나라는 사람 자

체가 전부 마음에 안 든다는 뜻 아냐?' 정말 그렇다면 그건 엄청나게 무리한 요구입니다. 물론 의지가 있다면 조금 변할 수는 있지만, 완전히 다른 사람이 되는 건 불가능합니다. 그런 맥락에서, 당신도 남편의 있는 그대로의 모습을 받아들여야 합니다. 부분적으로 바뀌기도 하지만 본질적으로는 바뀌지 않는다는 걸 인정해야 하는 거지요.

3. 만약 남편이 달라지길 바라는 당신의 소망 속에 어떤 다른 것이 숨어 있다는 걸 느낀다면, 정말 스스로 물어야 할 질문이 또 있습니다. "혹시 나는 배우자에게서 나의 이상적 인간상을 보고 싶어하는 건 아닐까?"

우리는 사랑에 빠졌을 때 상대에게 내가 꿈꾸는 '이상적 자아'를 투사하기 때문에 그가 훨씬 멋지고 사랑스러워 보입니다. 나의 부족한 면을 다 채워줄 수 있는 미덕들을 온몸으로 체화한 것처럼 보이는 겁니다. 그래서 상대를 있는 그대로 보지 않고 내 눈높이에 '맞춰' 봅니다. 물론 어느 정도는 이 눈높이와 일치하는 점이 있겠지요. 하지만 '맞지 않는' 부분이 더 많습니다. 그것이 브리기테 당신 눈에 이제야 들어온 겁니다. 이제 상대방을, 내게 없는 부분을 짜 맞춰 만든 이상형으로서가 아니라 진짜 '상대방'으로 보는 노력을 해야 합니다. 상대방에게서 왜

곡된 방식으로 내 모습을 찾는 건 사랑이 아닙니다. 내 자아를 넘어서 상대와 소통하는 길을 만드는 게 진짜 사랑 아닐까요?

4. 당신이 그레고르 자체가 변하는 걸 바란 것이 아니고, 충분히 시간을 두고 그를 지켜볼 수 있다면, 당신의 바람 자체는 누구든 납득할 수 있는 것입니다. 그러나 그렇다 해도 한 가지 의문이 여전히 남습니다. 당신은 어째서 그레고르를 남편으로 골랐습니까? 꼭 그와 결혼해야 한다고 누가 등을 떠민 건 아닐 테지요. 그토록 교류, 소통, 공감, 자상함이 중요하다면 왜 하필 그런 걸 잘 못하는 남자와 결혼했습니까? 그냥 단순한 착각이 었을까요? 아니면 그땐 그런 게 잘 보이지 않았나요? 내가 보기엔 단순한 착각도, 우연도 아닙니다. 당신의 선택에는 어떤 의미가 담겨 있는 게 아닐까요? 어쩌면 그 선택에 부모님 세대에서 물려받은 유형이 그대로 작용한 건 아닐까요? (다른 여러 가지 예도 있을 수 있지만 특히,) 당신의 아버지가 똑같이 그렇게 꽉 막힌 타입이라 딸로서 항상 관심과 애정을 모자라게 받지는 않았나요? 무뚝뚝한 아버지를 떠올리며 거기서 받은 손해와 아쉬움을 이제야 그레고르에게서 '보상' 받으려는 건 아닐까요?

자, 지금은 전화위복이 될 수도 있는 기회입니다. 그레고르가 자기 표현을 잘 못하는 걸 계기로 당신이 오히려 더 자립적이고 독자적인 사람이 될 수도 있고, 상대의 태도에 오락가락하는 대신 혼자서 위안과 힘을 찾는 법을 익힐 수도 있습니다. 그레고르가 당신의 그 모든 바람, 특히나 부부 간의 완벽한 합일을 원하는 마음에 부응할 수 없다면, 대신 당신이 사랑을 하면서 한층 성장하는 좋은 기회로 여기면 되지 않을까요?

부부 사이에 생기는 변화 요구를 잘 다루기 위해서는, 요구하는 쪽에서나 요구당하는 쪽에서나 이런 질문들을 스스로 던지고 답을 찾기 위해 고민해봐야 한다. 그때야 비로소 상대방에게서만 잘못을 찾지 않고 나 자신을 먼저 돌아보게 될 것이며, 당연히 대립으로만 보였던 상황도 한층 부드러운 분위기를 띨 것이다. 그런데도 여전히 내 요구를 고수하거나 고수해야만 할 때가 있을 테고, 여전히 그 요구를 거부하거나 거부해야 할 때가 있을 것이다. 하지만 그때의 요구와 거절은 한층 다르게 들릴 것이다. 조금 더 따스하고 조금 더 상대의 공감을 구하고 상대에 대한 배려가 묻어나는 그런 표현이 가능해질 테니까. 그것만이 아니다. 궁극적으로, 한쪽에서는 바라는 변화가 실제로 이루어지고, 다른 한쪽에서는 단호한 거절이 받아들여질 가능성, 그래서 사랑이 큰 상처 없이 오래 지속될 가능성도 더욱 높아지지 않을까?

변화의 요구를 생산적으로 다루는 방법

1. 진심으로 상대가 변하기를 바란다면, 내가 그의 인격 자체는 충분히 받아들이고 존중하며 인정한다는 사실을 느끼게 해주어야 그 소망이 실현될 가능성이 높아진다.
2. 상대의 변화 요구를 아예 처음부터 말도 안 되는 것으로 치부하기 전에 이것만은 반드시 기억하자.
   * 누군가와 함께 살려면 상대의 성격과 바람에 어느 정도 맞춰주는 적응력이 있어야 한다.
   * 언제든 그런 적응력을 실제로 입증해 보일 자세를 갖추자.
3. 상대가 변하기를 바라기 전에 자신을 진단하는 질문을 던져보자. 혹시나 스스로 짊어져야 하는 책임을 상대방에게 떠넘기고 있는 건 아닌가?
4. 행동을 바꾼다는 건 원래 그렇게 간단한 것이 아니다. 특정 행동은 사람마다 가진 성격, 교육 과정, 습관 같은 것으로 단단히 고정된 경우가 많기 때문이다. 따라서 바라는 쪽에서든 바뀌는 쪽에서든 상당한 인내와 배려가 병행되어야 한다.
5. 상대가 변화를 요구할 때 그것을 받아들이든 못 받아들이든 일단 공정하게 인정하고 존중해주어야 한다. 요구 자체를 폄하하고 비웃는다면, 아무리 그 요구를 정말 받아들여주었다 해도 상대방은 큰 상처를 입는다.

7장

관계의 시소 게임

권력 싸움에서 권력 게임으로

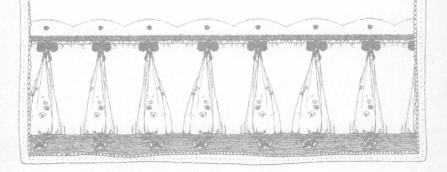

* * *

권력이란 곧 상대에게 영향력을 행사한다는 뜻이다.
우리는 지극히 사적인 관계에서도 매일, 아니 매시간 권력을 사용한다.
세상에는 부부 관계를 해치지 않고 오히려 득을 주는 공평한
권력 행사가 있는가 하면, 사랑을 말살하는
불공평한 권력 행사가 있다.

그들 부부는 산중에서 겨울 휴가를 보내는 중이었다. 어느
날 눈이 많이 쌓인 산기슭을 따라 등산을 했다. "저기 좀 봐!"
뒤에 있던 아내가 앞서 가던 남편에게 외쳤다.

"저기 헛간 지붕을 덮은 눈하고 새파란 하늘 색깔이 정말 멋
지게 어울리지 않아?"

남편이 돌아보자 아내가 말한 지붕이 보이긴 했지만, 그에게
는 그 뒤에 활짝 펼쳐진 웅장한 산세가 더 강렬하게 눈에 들어
왔다. 그래서 그는 이렇게 대꾸했다.

"음……, 자기도 봐봐! 이 산 정말 장관이야!"

그 뒤로 대화는 뚝 끊겼다. 뭔가 안 좋은 일이 일어난 것이
다. 대체 뭐가 문제일까? 이 상황을 놓고 하는 말치고 너무 거

창하게 들릴지는 모르지만, 어디까지나 가감 없이 표현하자면 이 부부는 방금 한 짧은 대화에서 권력 투쟁에 돌입한 것이다.

　권력은 부부 관계에서 적지 않은 구실을 한다. 권력이란 곧 상대에게 영향력을 행사한다는 뜻이다. 우리는 지극히 사적인 관계에서도 매일, 아니 매시간 권력을 사용한다. 권력을 아예 쓰지 않겠다고 선언해도 소용없다. 대신 어떻게 쓰느냐가 문제다. 세상에는 부부 관계를 해치지 않고 오히려 득을 주는 공평한 권력 행사가 있는가 하면, 사랑을 말살하는 불공평한 권력 행사가 있다. 그 차이가 무엇인지 이제부터 차근차근 짚어보자.

권력과 소통

앞서 이야기한 부부의 상황으로 돌아가자. 아내는 자기를 매료시킨 어떤 장면을 묘사했다. 하지만 남편은 그것에 대한 반응을 보이지 않고 그냥―무시였을 수도 있고 단순한 습관이었을지도 모르지만―넘겨버렸다. 그러고는 자기가 하고 싶은 말만 해버렸다. 그러면서 소통은 끊겼다. 두 사람 다 기분이 별로였다. 왜일까? 아내는 자신이 받은 감동을 표현하면서, 말로 하진 않았어도 남편이 거기에 수긍하고 같이 감동받길 바랐다. 하지만 남편은 오히려 아내와 경쟁하듯 자신의 의견을 내밀었고, 필시 아내가 먼저 남편인 자신의 감정에 공감하고 고개를 끄덕여주길 원했을 것이다. 권력 투쟁은 이때 시작되었다.

이 싸움은 아직 아주 작은 규모에 불과하지만 언제든 순식간에 덩치가 커질 수 있다. 아내는 이 상황에서 어쩐지 공격당한 느낌이 들 테고, 짜증 섞인 뉘앙스로 자기 생각을 계속 주장할 수도 있다. 남편은 또 남편대로 자신을 변호하는 논리를 금방 펼칠 것이다. 그렇게 되면 아름다운 풍경 따위는 어느 새 잊힐 테고, 누가 잘 했니 못 했니 하는 '원칙적인' 문제를 따지느라 마음이 바쁠 것이다. 당연히 두 사람 기분은 엉망진창이 될 것이다. 언성은 점점 높아지고 격해지다가 끝내는 우울한 침묵을 끝으로 대화가 중단될 것이다. 가끔 부부들이 빠져드는 전형적인 '권력 투쟁 유형'은 거의 이런 식이다. 이 유형대로라면 어떤 주제, 어떤 상황에서든 끊임없이 권력 싸움이 일어날 수 있다.

흔히 권력 투쟁은 양쪽이 각자 어떤 사실에 대한 자기 시각을 상대방에게 들이밀면서 그것을 따르도록 요구하되 동시에 상대 의견에는 결코 고개를 숙이지 않겠다고 거부하는 양상으로 나타난다.

이 기본 유형보다 결코 파괴성이 덜하지 않은 두 번째 유형도 있다. 부부 중 한 사람이 항상 판단하고 결정을 내리기만 하되, 다른 한 사람은 거기에 수긍하고 복종하기만 하는 것이다. 이것이 이른바 '지배 종속 유형'인데, 쉽게 말해 한 사람이 항상 '위'에 군림하고 나머지 하나가 '아래'에 놓이는 식이다. 이 유형은 적어도 공개적인 다툼으로 발전하진 않아도 아내와 남편이 철저하게 불평등한 권력 분배에 매여 있게 만든다. 시간이 지나면 이것도 권력 투쟁의 유형만큼 양쪽 모두에게 견디기 힘든 관계로 변한다.

'위'에 있는 쪽은 고립됐다는 느낌이 커질 것이고, '아래'에 있는 사람은 억압받고 멸시당하는 느낌 때문에 서서히 은폐된 방식으로나마 권력 게임, 조작, 태만 같은 수단을 써서라도 자기 입지를 넓히려 노력할 것이다. 예를 들어 '모시기만' 하던 아내가 짐짓 편두통 때문에 아무것도 못하겠노라고 갑자기 드러누워버리면서, 다스리기만 하는 남편에게 '복수'를 행하기도 한다. '위'에서 평생 '힘 있는' 사람으로 사는 쪽도 대부분 그리 즐겁지만은 않다. 그런 관계에서 사랑이 아름답게 익어갈 리 없다는 것은 따로 언급할 필요도 없을 것이다.

서로 사랑하는 부부라면 반드시 배워야 할 것이 있다. 상대방에게 설 자리를 주고, 상대를 포용하는 것이다. 포용한다는 것은 고개를 끄덕여주고 상대의 기쁨과 감동, 혹은 불안과 공포에 공감해주며 잠시나마 모든 걸 상대편의 시각으로 바라보고 느끼는 것을 의미한다. 만약 앞서 나온 부부 이야기에서 남편이 먼저 그렇게 했다면, 아내의 감동을 인정하고 포용했다면 어떻게 됐을까?

"와, 정말이네! 멋진 대비야! 지붕 위의 눈이 햇빛에 반짝이는 것 좀 봐!"

그야말로 아내와 남편의 목소리가 하나의 훌륭한 화음으로 들린다. 그런 다음, 몇 초의 시간이 흐르고 나서 이번엔 남편이 아내를 향해 자기 목소리를 내면서 헛간 뒤를 장식한 웅장한 산세를 이야기한다고 치자. 아내는 남편의 멜로디에 잘 어울리는 음색으로 화답하며 이전보다 더 아름다운 이중창을 만들어낼 것이다. 그랬다면 언짢은 알력 다툼 따위는 일어나지 않고 넘어 갔을 텐데.

배우자에게 공감하고 수긍하고 인정하는 일을 못하는 사람이 퍽 많다. 항상 뭔가 이의를 제기하고 반대 의견을 말해야 직성이 풀리는 사람들이다. 두 사람의 소중한 관계를 망가뜨려서라도 말이다.

상대에게 동조하는 것만큼 중요한 것이 또 하나 있다면, 그것은 둘 사이에서 자기 입지를 당당하고 힘 있게 지키는 법을 배우는 일이다. 항상 동의만 해주고 포용하기만 한다면 '다루기 쉬운' 배우자가 될지는 몰라도, 길게 보면 둘의 관계는 마찬가지로 경직되고 정체되기 쉽다. 우선 그런 사람은 자신의 부부 관계에 자율적으로 자극을 불어넣지 못할 뿐더러, 결국 상대방을 군림하는 배우자로 만들기 때문이다.

불평등한 권력의 원천

부부 사이의 권력 투쟁이나 지배 종속 관계는 두 사람이 권력 원천에 불평등한 권한을 가지는 것과도 커다란 관련이 있다. 예를 들면 돈은 중요한 권력의 원천이다. 남편이 아내에게 은행 계좌에 손도 대지 못하게 하고 금전 문제에 전혀 참여하지 못하게 한다면, 아무리 그가 평소 다른 일에 겸손하고 소극적이라 할지라도 그 순간만큼은 아내를 자신보다 낮은 위치로 전락시키는 남편이 되는 셈이다. 그로써 자신과 아내 사이에 권력의 격차를 크게 벌려놓는 행동을 했기 때문이다. 그런 대접을 받은 아내는 모자란 사람 취급을 받은 것 같아서 알게 모르게 반작용을 취한다. 이를테면 자식들을 더 자기 주변으로만 끌어들이고, 어떤 경우엔 아들과 각별한 관계를 만들기도 한다. 자기 나름대로 남편을 열등한 위치로 밀어 떨어뜨리는 것이다. 관계 역시 중요한 권력 원천이다. 남편은 아이들에게 다가설 권한이 없으니 무력감에 빠질 것이고, 그 반동으로 다시 자기가 휘두를 수 있는 권력의 영역을 더 철저히 고수할 것이다. 아내도 당연히 가만히 있지 않고, 비슷한 강도로 자신만의 무기를 끌어다 쓸 것이 뻔하다. 부부 사이에서 방어 경쟁이 무한 반복되는 것이다.

세상 부부들은 그와 비슷한 권력 투쟁에서 돈과 아이 말고도 수많은 권력의 원천을 끌어다 쓴다. 남자들이 주로 쓰는 물리력, 여자들이 주로 쓰는 성적 매력, 혹은 양성 모두에 다 해당되는 정보, 사회적 관계와 인맥 따위가 대표적인 예다. 각자 자신에게 유리할 것 같은 수단을 휘두르며 상대방의 접근을 차단하고 배제한다. 그럼으로써 자기 위치는 튼튼해질지 모르지만 우리가 그토록 지키고 싶어하는 사랑은 점점 시들어버린다.

이제 부부가 같이 앉아서, 각자 개인으로서 여러 가지 역할을 수행하면서 행사하는 권력 원천을 헤아려 목록을 만들고, 현재 상대방이 그 수단에 접근하는 것을 얼마나 허용하고 있는지 차근차근 따져보는 시간을 가져야 한다. 물론 집안 사정상, 완전히 평등하게 자원을 공유하기가 한시적으로 불가능한 경우도 있다. 아이 양육 문제로 아내가 직업을 포기하고 주로 가정에 머물러야 하는 동안, 남편은 생계 때문에 직장 일에 전념해야 할 때가 있듯이 말이다. 그러나 그런 상황에서도 부부가 열린 의사 소통에 힘쓰고 서로 많은 의견을 교환하고 공유한다면 조화와 균형은 반드시 이룰 수 있다. 그런 노력으로 비록 '객관적으로는' 저울이 기울어 있다 해도 둘 사이에 신뢰가 싹트고 평등함이 유지될 것이다.

건설적인 권력 게임

권력은 부부 관계에서 아주 다양한 형태로 나타나고, 그 형태에 따라서 파생되는 결과도 엄청난 차이를 보인다. 부부 사이에서 나타나는 권력은 크게 '방해권, 제한권, 이행권'으로 나뉜다.

아내가 남편에게 철저히 성적인 관계를 거부한다면 방해권을 행사하는 것이다. 남편이 자기 속내를 솔직하게 자세히 아내에게 알려주지 않아도 마찬가지다. 상대에게 부부로서 살아가는 데 필요한 것을 주지 않으려고 하기 때문이다. 방해권이라는 모두에게 도움이 안 되는 권력이 남용되는 형태에는 여러 가지가 있다. 그중 한 가지가 상대를 위에서 아래로 억압하는 형태다. "내가 하게 둬. 당신이 뭘 안다고!"(주로 남자 쪽 전략이다.)

아니면 상대를 아래로 끌어내리는 방식도 있다. "꼴 사납게 잘난 척 좀 하지 마!"(주로 여자 쪽 전략이다.) 또는 상대의 노력을 헛수고로 만들어버리는 방법도 있다. 침묵으로 일관하거나 수동적으로 행동하거나 건성으로 고개만 끄덕이는 행동 같은 것이다. 다시 말해, 상대방이 지닌 자기 발전에 대한 정당한 권리를 차단하고, 방금 말한 방법들처럼 상대가 누려야 할 권력 원천에 대한 접근을 거부하는 형태가 바로 방해권 행사다. 따라서 방해권은 언제든 관계를 해치는 부정적인 작용을 한다.

하지만 제한권은 다르다. 제한권을 쓴다는 것은 상대의 요구에 맞서 내 영역을 지키는 것을 뜻한다.

"끝까지 말 좀 하게 해줘. 자꾸 내 말에 끼어들지 말고!"

"내 앞으로 온 우편물을 내게 물어보지 않고 뜯어보지 않았으면 좋겠어!"

"내가 애를 재우기로 했잖아. 그럼 간섭하지 말고 내 방식대로 하게 해줘!"

아무리 부부 사이라도 내 영역이 침범당할 위험이 있다 싶으면 강력하고 분명하게 제한권을 행사해야 한다. 제한권 때문에 관계가 해를 입을 염려는 없다. 오히려 정반대다. 한계가 분명한 관계는 새로운 만남과 합일도 반드시 보장된다.

권력 행사의 또 다른 형태인 '이행권'은 상대방에게 행동의 자유를 제공하는 것을 의미한다.

"일어나봐, 그렇게 누워 있지만 말고. 짐 챙겨서 우리 같이 산에 가자, 응?"

아내나 남편을 이렇게 부추기는 것도 당연히 일종의 권력 행사다. 하지만 한 사람이 이렇게 하지 않으면 상대가 축 늘어져서 무기력 상태에 빠질 것 같다면, 이런 권력 행사는 꼭 필요하다. 내가 권력을 사용해서 상대방에게 좋은 영향을 끼치는 경우이므로 이행권은 결과적으로 긍정적인 효과를 낸다. 물론 그러면서도 세심하게 신경을 써야 하고 상대방의 의견을 무조건 묵살해서도 안 된다. 그런 위험성에 주의를 기울여 행동한다면 이런 방식으로 힘 있게 다가가는 것도 관계 발전을 돕는 좋은 방법이다. 상대에게 영향력을 행사하여 각자 갇혀 있는 한계를 깨고 새로운 영역에 발을 들여놓게 도와주고 혼자서는 하지 못할 멋진 경험을 하게 해주기 때문이다. 서로 새로운 세계로 이끌 수 없다면 그 부부 관계가 얼마나 심심할까 생각해보라. 관계 안에서 권력을 쓰는 가장 건설적인 방식이란 바로 이런 것을 가리키는 말이다.

권력 게임이 원활히 돌아가는 부부 관계는 시소와 닮았다. 시소는 양쪽 끝에 두 사람이 올라타고 한번은 이쪽이, 다음엔 저쪽이 올라갔다 내려갔다 끊임없이 움직여야 타는 재미가 있다. 잠깐씩 '위'냐 '아래'냐, 혹은 빠르냐 무거우냐 경쟁한다고 해가 되기는커녕 재미만 더 커진다. 시소가 한쪽으로 기운 채 가만히 서 있다고 생각해보라. 무슨 재미가 있겠나!

부부 관계에서 권력 사용 규칙

1. 부부 사이에서 권력 사용은 피할 수 없다. 문제는 그 권력을 어떻게 사용하느냐다.
2. 자기 의견을 관철하는 법, 그리고 상대에게 수긍하는 법을 배우자. 둘 중 하나만 할 줄 안다면, 부부 사이의 권력 오용을 부추기는 것이다.
3. 의견을 관철하고 싶다면 공공연하게 표현하라. 은폐된 전략이나 조작은 관계를 죽이는 독이다.
4. 부부 사이에서 자신의 이해 관심사를 대변하고 옹호할 권리를 고수하고, 거꾸로 상대가 자기 관심사를 주장할 권리도 인정해준다.
5. 상대를 깔보고, 무시하고, 매몰차게 대해 우위에 서려고 하지 말자. 상대는 반드시 복수한다.
6. 부부가 각자 절반씩 양보하고 절반씩 자기 주장을 실행시키게끔 조절한다. 이 비율이 깨지면 편파적인 권력 차가 생기고, 관계는 깨지기 쉽다.
7. 배우자에 대항하려고 다른 사람들(부모, 자녀, 친구들)과 동맹을 결성하는 것은 당장의 위치를 강화해줄지 모르나, 장기적으로는 관계를 무너뜨리는 행위다.
8. 배우자가 돈, 대인 관계, 정보 따위의 권력 원천에 접근하지 못하게 막으면, 상대에 비해 자신의 권력이 강해지기는 하겠지만 역시 지속적인

관계 발전에는 도움이 안 된다. 여러 권력 원천에 골고루 평등하게 접근할 수 있어야 권력을 공유하고 관계를 건강히 유지할 수 있다.

9. '위로부터의 권력'(권위적 권력)을 사용하면, 곧 상대방이 가하는 '아래로부터의 권력'(아프다고 드러눕기, 수동적으로 나오기, 은밀한 조작 따위)에 반격당하고 만다.

10. 계속 나만 이기고 상대는 지게끔 만들면(승자 대 패자) 그 관계는 오래가지 못한다. 부부 사이는 적어도, 양쪽 다 한 발씩은 물러나고 한 발씩은 앞으로 나오는 식이어야 한다(타협하기). 하지만 가장 좋은 방식은 나와 상대방 모두 잃은 것이 없다는 기분이 들도록 창의적인 제3의 해결책을 찾아내는 길이다(윈윈 방식).

8장

사랑의 전쟁

사랑에는 공격성도 필요하다

* * *

반복되는 일상에 치이다 보면 누구와도 바꿀 수 없는
나만의 고유한 품위를 더는 발견하지 못하게 되기도 하고,
서로의 가치를 무시하고 상대를 착취하는 일도 생긴다.
그럴 때 제대로 된 관계를 회복하려면
당당한 공격성을 사용해야 한다.

언뜻 듣기엔 사랑과 공격성만큼 확실한 반대 개념도 없을 것 같다. 사랑은 서로 다른 것을 융화하지만, 공격성은 붙은 것도 갈라놓고 다가서는 사람을 매몰차게 배척한다. 사랑은 받아들이지만, 공격성은 거부한다. 사랑은 새것을 창조하는데 공격성은 파괴한다. 사랑과 공격성이 반대되는 항목을 일일이 열거하자면 끝이 없다. 그런데도 나는 여기서 감히 하나의 명제를 고찰해볼 것을 제안한다. 부부의 사랑에는 적당한 양의 공격성이, 그것도 일시적이 아니라 꾸준히 필요하다. 그래야 사랑에 활기가 유지되고, 심지어 부부 관계가 파탄의 위기로 악화되지 않는다. 왜 그럴까? 이제부터 그 답을 찾아보자.

공격성은 사람이 사는 데 두 가지 다른 목적에 기여한다. 때

로 우리는 뭔가 관철하고 싶어 공격적으로 행동한다.("빨리 좀 해. 벌써 많이 늦었단 말이야!") 아니면 내 권리를 지키려고 공격 성을 쓰기도 한다.("이건 내 문제야, 끼어들지 말아줘!") 앞의 경우는 상대방을 치고 들어가는 것이고, 두 번째 경우는 자기 영역을 방어하려는 행동이다. 두 가지 다 공격적 에너지가 들어 있지만, '방향'은 조금 다르다.

지금부터 공격성을 '관철 공격성'과 '방어 공격성'으로 나눠 살펴보자. 공격성의 이 두 가지 형태는 삶에서 꾸준히 나타나고 실행되며, 둘 중 한 가지라도 빠지면 제대로 살아가기조차 힘들 다. 다만 관철이 됐든 방어가 됐든 공격성을 구체적으로 어떻게 행사하느냐는 분명 다른 문제다. 거기서 보이는 차이가 이 공격 성이 사랑과 조화를 이루는지 아닌지, 심지어 사랑에 이로운지 해가 되는지를 결정한다. 관철 공격성과 방어 공격성은 둘 다 때론 파괴적으로, 때론 건설적으로 쓰이는데, 과연 무엇이 그 차이를 만드는지 이제부터 차근차근 알아보자.

나를 드러내는 관철 공격성

자신의 의지를 관철하는 것, 그러기 위해 공격적 에너지를 발동하는 것은 생존에 반드시 필요한 행위다. 아기가 세상에 처음 태어났을 때 내지르는 울음소리도 필경 그런 공격성을 담은 울음일 것이다. 따뜻한 엄마 뱃속에 있다가 갑자기 차디찬 세상에 밀려나온 아기는 불편해도 너무 불편할 것이다. 그래서 화나고 짜증 섞인 울음을 터뜨린다. 자기 기분과 상태를 만천하에 똑똑히 알리는 행위다. "나 여기 있어요! 당장 날 쳐다보고 보살펴 달란 말예요!"

갓난아기의 울음소리만 봐도 공격성의 원래 목적이 무엇인지 뚜렷이 확인할 수 있다. 즉 타인의 관심을 끌고 자기 의사를 표현하는 것이다. 공격성은 어떤 욕망과 생존에 필요한 기본적 욕구를 지닌 한 개인으로서 나를 '각인'시키며 세상에 알리는 수단이다. 그렇게 나를 알리고 나면 세상이 나를 간단히 무시하는 일은 없다. 게다가 공격성은 바로 그 지점에서 최초의 접촉을 만들어낸다. 공격성이 사랑으로 직접 연결되는 것도 바로 이 지점이다! 공격성을 통해 닫혔던 입을 열고 목소리를 내며 나를 '표현' 하고 타인의 마음을 움직인다. 그것이 곧 '공격성'이란 말의 원초적 의미다. 공격(성)을 뜻하는 독일어 'Aggression'은 '누군가 혹은 무엇에 다가가다'라는 뜻을 지닌 라틴어 adgredi에서 왔다.

그렇게 보면 공격성은 최소한 모든 사랑의 전제조건인 셈이다. 좀 더 구체적으로 얘기해보자. 자기 목소리를 내지도 않고 타인에게 다가서지도 않는 사람은 하나의 인격체로서 다른 이들에게 자신을 알릴 수 없다. 그런 사람은 남들에게서 사랑받기 힘들다. 그저 이용당하고, 도구처럼 쓰이고 학대받다가 휙 내버려지기 쉽다. 실생활에서든 드라마에서든 오랫동안 남편하고 애들 뒷바라지하느라 죽어라 고생만 했다는 한탄, 그래서 자기가 누군지도 잊어버리고 누구 아내 누구 엄마로만 살다가 잔뜩 허무해진 여자들 이야기가 차고 넘친다. 그 이야기들에서 여자들이 맞닥뜨리는 결과가 무엇이던가? 혹시 남편이 사귀는 다른 여자 이야기는 아니던가? 남편이 나보다 더 사랑하는, 그리고 더 사랑받고 있다는 확신을 주는 그런 여자?

관철 공격성은 개별 인격체로서 나를 드러내는 수단이다. 나를 무시하지 못하게, 내 말을 흘려듣지 못하게 하는 도구다. 부부 사이에서는 그런 꾸준한 자기 표현이 필수적이다. 반복되는 일상에 치이다 보면 누구와도 바꿀 수 없는 나만의 고유한 품위를 더는 발견하지 못하게 되기도 하고, 서로의 가치를 무시하고 상대를 착취하는 일도 생기기 때문이다. 그럴 때 제대로 된 관계를 회복하려면 당당한 공격성을 사용해야 한다.

"나하고 미리 의논하기 전에는 맘대로 저녁 약속 만들지 않기로 했잖아. 지난주에도 말 한마디 없이 불쑥 약속을 정하더니, 이번에도 또 그랬어. 그것 때문에 내가 얼마나 당혹스럽고 화가 나는지 알아? 이제 그런 행동은 그만두면 좋겠어!"

부부 생활에 필요한 관철 공격성은 이런 비슷한 방식이면 된다. 사랑을 해치는 것이 아니라 오히려 사랑을 지키고 보완하거나, 약해진 사랑에 힘을 실어주는 그런 공격성 말이다.

나를 지키는 방어 공격성

방어 공격성도 마찬가지다. 이 공격성으로 무엇을 관철하는 것은 아니지만, 각자의 영역을 지키는 데는 반드시 필요하다.

"내 이름으로 온 우편물을 당신 맘대로 열어보는 건 싫어!"

부부 사이라도 상대방이 전적으로 혹은 그때그때 동의를 하지 않았는데도 불구하고 함부로 우편물을 열어보는 건 명백한 월권 행위다. 당연히 권리 침해를 당한 쪽에서 선을 긋고 분명히 해두어야 한다. 안 그러면 무엇보다 소중한, 사랑이 위협받는다. 사랑을 할 때는 두 사람이 수많은 것들을 공유하지만 더불어 한두 가지의 비밀도 당연히 있어야 한다. 그리고 부부는 상대방의 작은 비밀을 반드시 존중해주어야 한다. 방어 공격성은 바로 이 비밀을 지키는 수단이다. 물론 사랑한다면 서로 속속들이 알아야 하고 '비밀이 없을 정도로' 친해야 한다. 다만 그런 이유로 아무리 부부지만 사람 사이에 있어야 할 최소한의 거리가 무시되는 일도 종종 일어난다. 거리가 아예 없어지면 부부는 상대를 매일 손쉽게 사용하는 생활용품 정도로 취급하게 된다. 바로 그때가 방어 공격성을 써야 할 때다.

물론 문제는 있다. 부부가 각기 자기 영역을 지키고 싶어하는 지점이 서로 다르다는 점이다. 예를 들어 남편은 어릴 때부터 가족 중 한 사람이 발가벗고 욕실에 있어도 다른 식구들이 아무렇지도 않게 들락날락하는 분위기에서 살았다. 하지만 아내 쪽 집안에서 욕실은 개인의 사적인 공간이었다. 그래서 아내는 결혼 후 남편이 자기가 쓰고 있는 욕실에 무작정 들어왔을 때 자신의 영역이 침해당했다고 느꼈다. 살다 보면 이런 비슷한 일은 수없이 많이 생긴다. 그럴 때마다 누구도, 상대가 정해놓은 한계를 '객관적'으로 평가하려고 해서는 안 된다. 또한 자기가 원하는 한계가 어디까지인지 분명히 말해야 한다. 그것이 바로 여기서 말하는 방어 공격성이다. 물론 그 한계를 좀 느슨하게 풀고 상대를 받아들이는 것도 필요하다. 그리고 그것을 가능케 하는 것이 바로 부부의 사랑이다. 하지만 언제나 변하지 않는 원칙은 있다. 내가 잃고 싶지 않은 영역이 있다면, 상대가 그것을 쉽게 알아듣도록 분명히 표현해야 한다. 그러지 않으면 부부 관계에서 자신이 한 번 쓰고 내다버리는 일회용품 신세가 된 듯 느껴질 테고 결국엔 상대방을 증오하게 될지도 모른다.

파괴적인 공격성의 원인

지금까지 얘기한 내용을 읽고, 오히려 반대인 사례를 끝도 없이 떠올리는 독자들도 있을 것이다. 다시 말해 공격성이 사랑을 지키고 채워주는 수단이 아니라 망가뜨리고 파괴하는 해악이 되는 경우 말이다. 대체 왜 그런 일이 생기는 걸까?

첫째, 편향된 분배가 그 이유이다. 부부 사이에 특정 행동 방식이 주로 한 사람의 전유물이 되고, 다른 행동 방식은 나머지 한 사람에게로 쏠릴 때 관계는 병들기 시작한다. 예를 들어보자.

아델하이드는 항상 남편 콘라트한테 의견을 말하고 관철하는 역할을 맡는다. "이거 하고 저거 해요." 아니면 "이건 하지 말고 저것도 하지 말아요." 같은 식이다. 그러면 거기에 대고 발끈하고 저항하고 자신의 영역을 지키려고 하는 쪽은 항상 콘라트다. 하지만 그러면서도 정작 자기 스스로 어떤 요구나 지시를 하는 적은 없다. 말하자면 아델하이드는 오직 관철 공격성만 보이고 콘라트는 방어 공격성만 발휘하는 셈이다. 이 부부가 계속 이런 식으로 나간다면 관계는 딱딱하게 얼어붙을 것이다. 콘라트는 요새가 된 듯 점점 자기 주위에 여러 겹의 두꺼운 벽을 둘러칠 것이고, 아델하이드는 그 벽을 깨려고 끊임없이 포화를 퍼부을 것이다.

아내가 공격을 거듭할수록 남편은 점점 더 벽을 강화하고, 남편이 막으면 막을수록 아내는 혹시 한 번쯤 성공할까 싶어 계속 공격한다. 이 악순환 속에서 두 사람의 공격성은 점점 파괴적인 성격을 띠게 될 것이다. 그쯤 되면 문제 자체가 중요한 게 아니라, 누가 더 '강한가'가 관건이 된다. 물론 곁에서 보기엔 그저 '공격자' 하나만 파괴적인 행위를 일삼는 사람으로 보이기 때문에 사람들은 쉽게 이런 논평을 할 것이다. "세상에나, 저 여자 좀 봐! 어떻게 제 남편을 저렇게 들들 볶아댈까!"

명심하라! 아내의 공격이 더 세 보이는 것은, 바로 남편의 방호벽 뒤에 꼭 그만큼 강도 높은 공격적 에너지가 숨어 있고, 어느 한쪽도 양보 없이 계속 그 강도를 높이기 때문에 가능한 일이다. 이 역학을 단번에 눈치 채는 사람은 별로 없다. 부부 관계에서 자기 주장 없이 사는 사람은 참으로 순하고 겸손해 보인다. 하지만 바로 그 순함이 상대를 절망으로 이끌고 지독히도

'공격적으로' 굴게끔 만든다는 걸 아는 사람이 과연 몇 사람이나 될까?

결론은 이렇다. 부부 사이에서 관철 공격성과 방어 공격성이 유연성을 잃고 편향적으로 분배되는 경우는, 아무리 그 구조가 은폐된 채 보이지 않는다 해도 그 안의 공격성은 파괴적 성격을 띤다. 따라서 자기 부부 관계를 찬찬히 뜯어보고 질문을 해볼 필요가 있다. 우리 부부는 관철과 방어가 두 사람한테 골고루 나눠져 있는가? 한번은 내가, 한번은 상대방이 번갈아가며 '공격자'와 '방어자'의 역할을 나누어 맡는가? 그런 물음을 던져보고 답을 구하다 보면 부부 관계에 필요한 공격성이 제 자리를 찾을 가능성이 높아진다. 그러나 이게 전부가 아니다. 극복해야 할 문제가 몇 가지 더 있다.

둘째, 상대방에 대한 비하도 공격성을 파괴적으로 만드는 요인 가운데 하나다.

"당신 왜 이렇게 개념 없고 무식해?"

아무리 방어를 위한 공격성이라 해도 이런 식이라면 제대로 먹혀들 리 없다. 왜냐고? 이 표현은 나에 대한 것이 아니라 상대방을 가리키는 지적이기 때문이다. 즉 자기 주장이나 자기 감정, 자기 욕구의 표현이 아니라, 상대방의 가치를 깎아내리려고 어떤 이름 모를 도덕적 잣대의 대변자가 되어 독설을 퍼붓는 것이다. 바로 이 대목이 중요한 차이를 낳는다. 인간 관계에서 공격성을 적대적인 방식으로 사용하면 그것은 관계를 파괴한다. 즉 나를 지키려는 공격이 아니라, 상대를 배척하려고, 그것도 상대를 '나쁜 놈'으로 만들고 도덕적, 심리적, 정신적 차원에서 뒤떨어진 존재로 보이게 하려는 공격이다. 상대를 '낮은' 자리로 떠밀어버리고 내가 그 위에 올라서려는 것이다. 당연히 상대방은 분개하여 똑같은 무기를 나한테 들이민다.

"그러는 당신은 툭하면 질질 짜고, 신경과민 아냐?"

무식과 신경과민. 두 사람 중 어느 한쪽도 지려고 하지 않으니, 불행의 소용돌이가 빠르게 돌기 시작한다. 도무지 해답이 나오지 않을 것 같고 끝나지 않을 것 같은 그런 소용돌이다.

만약 이쯤에서 한 사람이 이렇게 말한다면 어떤 일이 생길까?

"그런 말에 내가 얼마나 상처받는지 알아? 이제 그만 둬!"

물론 이 말 역시 어떤 강도로 하느냐에 따라 때론 거센 공격으로 보일 수 있다. 다만 이 말에는 상대를 비판하는 말도, 깎아내리는 말도 없다. 그저 자신과 자신의 영역을 지키려는 노력에다, 상대방의 존엄성이 훼손당하는 것까지 막아주려는 의지만 있을 뿐이다. 그런 의지에 또 다른 공격성으로 맞대응하지 않고 용서와 화해를 구한다면("아, 그러려고 한 말이 아닌데. 정말 미안해.") 애정을 회복하는 것은 물론이고 더 튼튼하게 만들 가능성도 당연히 커진다.

셋째, 간접적이고 포장된 공격성도 관계를 파괴한다.

"혹시 지금 손발이 성하면 말이야 자기 뒤에 있는 문 좀 닫아주는 자비를 베풀 수 있겠어?"

미사여구로 포장된 비비 꼬이고 냉소적인 말들. 속뜻은 무언가를 관철하려는 공격이지만, 결과는 파괴적일 뿐이다. 이런 말은 상대에 대한 비하가 직접 드러나지는 않지만 교묘한 전술로 상대의 뒤통수를 때리는 비열한 수법이다. 그리고 그런 교묘함은 전혀 바람직한 결과를 내지 못한다. 오히려 우회적 표현과 애매한 말투가 지닌 공격성 때문에 상대방은 불가피하게 자기를 방어하게 되고, 때로는 '일부러라도' 문을 더 열어놓고 싶어한다. 정말 자기 의사를 관철하고 싶다면 차라리 이렇게 말하자.

"문 좀 닫아줘! 음악 소리가 너무 커서 정신이 없어."

내 의사를 분명히 표현하되, 상대를 멸시하는 일 없이 상대방에게 원하는 것을 제시하는 것이다. 상대는 나 때문에 체면을 잃지 않았기 때문에 방어적으로 나올 필요가 없다. 당연히 내가 원하는 것이 이루어질 가능성은 훨씬 커지고, 사랑이 상처받을 일도 없다.

부부가 대립할 때 사랑이 흔들리는 것은 공격 자체 때문이 아니라, 그 공격성을 상대방에 대한 멸시와 직접적이지 않은 태도에 담아 표현하기 때문이다. 그렇다면 마지막으로 한 가지 의문이 하나 남는다. 왜 많은 사람들이 그런 태도가 관계에 도움이 안 되고 목적 달성에도 전혀 효과가 없는데도 자꾸 '무기'로 삼는 걸까? 혹시 그렇게 상대를 비하해야만 내 의사를 관철할 수 있다고 생각하는 건 아닐까? 파괴적인 공격성은 거의 언제나 스스로 자존감이 부족한 탓에 생긴다. 스스로 자신의 가치를 인정한다면, 내가 강하다는 걸 느끼겠다고 상대를 깎아내릴 필요도 없고, 그러면 공격성 역시 파괴적일 필요가 없다. 오히려 적절한 공격성은 사랑의 불꽃을 새로 일으킬 신선한 산소 구실을 해줄 것이다.

부부 관계에서 공격성을 다루는 규칙

사랑하는 사람 사이에서 어떻게 하면 공격성을 생산적으로 쓸 수 있을까? 다음 세 가지 기본 규칙을 차례대로 정리해보자.

1. 공세(관철 공격성)와 수세(방어 공격성)가 각기 특정 배우자 한쪽에만 고정되어 있으면 안 좋다. 관철과 방어가 어느 정도 비슷하게 양 파트너에 배분되어야 바람직하다.
2. 배우자에게 공격적인 태도를 보이게 됐을 때도 결코 상대를 비하하지 말자! 상대방에게로 화살을 돌리지 말고, 자신의 감정과 욕구를 중심으로 이야기하자. 상대를 폄하해봤자, 내가 원하는 대로 되기는커녕 똑같이 나를 깎아내리는 반격이 돌아올 뿐이다.
3. 공격성을 행사하되 투명하고 직접적인 태도를 택하라! 반어나 냉소, 가식으로 공격성을 포장하는 것은 비겁하기도 하거니와, 분위기를 흐리고 상대방을 기만하는 파괴적인 행위다.

확실하고 투명하게 자신의 욕구를 밝히고, 또 자기 영역에 대한 경계를 분명히 하자. 그것이 사랑을 지키는 가장 바람직한 노력이다.

9장

질투는 사랑의 힘이다

위험하지만 꼭 필요한 사랑의 바로미터

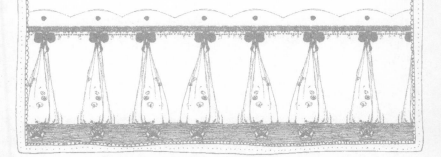

* * *

질투는 단순한 소유욕이 원인이 아니라, 나와 연인
사이에 존재했거나 적어도 나 혼자서라도 꿈꾸고 소망한 고유의 사랑이
방해받을 위협을 느낄 때 생겨나는 자연스런 반응이다. 질투는 사랑에
악천후가 언제 올지 미리 알려주어서, 때로 더 손 쓸 수 없을 만큼
일이 나빠지기 전에 대비하게 해주는 구실도 한다.

두말 할 필요도 없다. 수많은 부부들이 질투 때문에 힘들어
하고 결혼이 파경에 이르기도 한다. 가볍게는 밤 늦도록 이어지
는 지겹고 괴로운 말다툼부터 시작해서 심하게는 폭력과 살인
까지, 질투 때문에 벌어지는 비극은 실로 다양하고 파괴적이다.
그런 만큼 질투를 사랑의 무대에서 아예 퇴장시켜버리려는 의
지도 충분히 이해가 된다. 하지만 그것이 정말 가능할까?

한 남편이 정부와 밀회를 갖고 나서 밤 늦게 집으로 돌아온
다. 그 소리에 아내가 잠에서 깨어난다. 아내도 남편이 어디서
뭘 했는지 안다. 하지만 우리가 예상하는 그런 극적인 장면, 분
노나 고통의 폭발은 일어나지 않는다. 아내는 그저 이렇게 묻는
다. "그래, 어땠어? 재미 많이 봤어, 자기? 잘 됐네, 다행이야!"

그러곤 그냥 몸을 돌려 눕고는 다시 잠을 청한다.

어떤가? 실제로 어떤 사람들은 자기 배우자가 정말 이런 반응을 보여주길 바랄지도 모른다. 하지만 그렇다면 그 부부는 왜 같이 사는 걸까? 여기서 아내가 정말 남편을 조금이라도 '남자'로 여긴다면 과연 이런 반응을 보일 수 있을까? 어쩌면 이 아내도 아직 남편을 '사랑'할지 모른다. 하지만 그 사랑의 성격이란 대체 무엇이란 말인가? 어머니가 아들에게 품은 사랑? 그렇다면 부부로서의 사랑은 근본적으로 끝난 것 아닐까?

자, 그럼 반대로, 남녀 간의 사랑에 질투가 반드시 포함된다고 봐도 좋은 걸까? 하지만 그러면서 혹시 우리는 먼 옛날 특히 남자들이 아내를 소유물처럼 대했던 그 시절로 돌아가는 건 아닐까? 질투란 게 달리 말하면 지나친 소유욕은 아닐까?

질투는 소유욕의 산물?

실제로 그런 논리가 '진보적'인 사람들 입에 오르내리곤 한다. 질투는 소유욕에서 나온 거라고. 상대방은 내 소유가 아니며, 온전히 자유로운 존재 아닌가. 그러니 조금이라도 질투 비슷한 감정이 들면 재빨리 털어버려야 한다는 이야기다. 그들이 보기에 질투란 전혀 현대적이지 않은, 전근대적 사고방식이다. 그러나 필자의 생각은 다르다. 대체 질투란 게 뭔가? 상대가 내게 무척 소중해서 나와 가장 깊은 관계이기를 바라지만 그 깊은 친밀성을 나 아닌 제삼자에게 허락할 때 나는 질투를 느낀다. 본질적으로 남자와 여자 사이의 사랑이란, 나는 너를 완전히 가지며, 너 또한 나를 완전히 갖는 것을 뜻한다. 그 과정에서 '오직 우리 두 사람'만의 특별한 친밀성이 생긴다. 내 배우자가 이 특별한 관계를 제삼자와도 공유하고 있다는 걸 알게 되는 순간, '우리'만의 공간이 파괴된다고 생각하게 된다. 그 생각 때문에 고통, 슬픔, 분노, 그리고 질투가 일어나는 것이다.

따라서 질투는 단순한 소유욕이 원인이 아니라, 나와 연인(배우자) 사이에 존재했거나 적어도 나 혼자서라도 꿈꾸고 소망한 고유의 사랑이 방해받을 위협을 느낄 때 생겨나는 자연스런 반응이다. 요즘 '현대적이고 개방적이며 관용적인' 일부 사람들이 배우자의 외도를 알고도 억지로 질투의 감정을 떨쳐 없애버리려고 노력하는 것은 필자가 보기엔 무의미한 행동에 불과하다. 그 순간 자신의 가치를 스스로 낮추는 것은 물론, 자신에게 상처를 준 배우자와 정면으로 부딪치고 문제를 해결하는 대신 혼자서만 그 고통을 다 짊어지겠다는 태도이기 때문이다.

그런 식으로 보면 질투는 사랑의 기압계다. 기압계의 바늘이

먹구름이 밀려오기도 전에 악천후가 다가올 것을 미리 알려주듯, 질투는 부부 간의 사랑에 악천후가 언제 올지 미리알려주어서, 때로 더 손 쓸 수 없을 만큼 일이 나빠지기 전에 대비하게 해주는 구실도 한다. 그런 의미에서 질투의 형식을 띤 반응은 사랑의 공간을 보호해준다.

하지만 질투는 한편으로 무서운 파괴력을 발휘하기도 한다! 셰익스피어 비극의 주인공 오셀로를 떠올려보자. 전장에서 승승장구하는 베네치아의 용장인 그도, 질투의 환상에는 꼼짝없이 당하며 아무런 죄도 없는 아내 데스데모나의 목숨을 빼앗고 만다. 이토록 파괴성을 띤 질투의 성격에는 특히 두 가지가 두드러진다. 먼저, 질투에 사로잡힌 이가 자아내는 환상이며, 둘째, 그 사람이 자신의 환상 때문에 남용하는 폭력적인 행위다.

사랑을 파괴하는 질투

폭력 행위부터 먼저 들여다보자. 아무리 질투하는 이유가 정당하고 공감이 간다 해도 폭력이라는 행위는 인정할 수 없다. 폭력을 쓴다는 것은 내가 상대를 마음대로 통제하고 실제로 소유하겠다는 욕심을 부리는 것과 마찬가지다.

"내 말을 안 듣겠다면 하는 수 없지. 폭력을 쓰는 수밖에."

괴테의 시에 나오는 요정 왕이 한 소년을 유혹하려 했으나 뜻대로 되지 않자 하는 말이다. 그것이 바로 소유욕이다. 이런 소유욕과 더불어, 상대의 감정과 행위에 전권을 행사하고 영향력과 통제를 가하려는 욕심이 질투와 결합하는 순간 파괴가 자행되고 사랑과는 정반대되는 행위가 일어난다.

배우자가 다른 제삼자 때문에 그들만의 각별한 관계를 깨뜨리는 바람에, 울고불고 미친 듯 소리치는 건 사랑의 차원에서는 지극히 정상적인 반응이다. 정말 나에게는 이 부부 관계가 소중하고 진짜라는 증거다. 하지만 그것이 상대를 소유한다는 뜻은 아니며, 소리 지르고 운다고 상대를 '제압'하거나 폭력을 쓰는 것도 아니다. 사랑한다면 그렇게 질투할 수도 있고, 또 질투해야 한다. 하지만 사랑으로 상대를 조종하려는 순간 사랑은 자기 파괴를 피할 수 없다. 내 사랑이 '걷잡을 수 없는 통제 불능 상태'에 머무는 한, 상대에게 나를 다시 사랑하라고 요구하는 건 무리다.

두 번째 파괴성은 질투의 환상이다. 셰익스피어의 희곡에서도 오셀로는 치명적인 환상을 스스로 지어내고 그것에 얽매이고 만다. 아무것도 아닌 몇 가지 사실을 가지고 아내가 간악한 부정을 저지른다고 착각하고 그것을 죽음으로써 '벌해야 한다'

고 믿는다. 물론 그의 수하인 이아고가 '증거'를 갖다 보여주며 추진력을 제공한다. 실제로 질투에 사로잡힌 이들을 보면 이 이아고의 캐릭터를 자기 안에 품고 있는 사람이 많다. 즉 자아의 한 부분이 질투에 눈이 멀어 증거를 '열심히 찾아'다니는 것이다. 실제 상황과 내용에 아무런 근거가 없어도 상관없다. 일단 환상, 즉 망상에 사로잡히면 아내가 나 아닌 다른 남자에게 조금만 친절한 눈빛을 보여도 벌써 아내의 외도는 기정 사실이 되며, 남편이 혼자 있었던 시간은 그대로 정부와의 뜨거운 애정 행각으로 연결된다. 이런 환상은 저절로 강제성을 띤다. 환상에 사로잡힌 사람은 그것을 떨치기는커녕, 그 환상에 온 머리와 마음을 내주고 완전히 '지배될' 때까지 거기서 헤어나지 못한다. 질투심이 폭력에 손을 뻗거나(뻗고) 어쩔 도리 없는 환상을 만들어내기 시작하면, 그 순간부터 질투는 더는 사랑의 표시가 아니며 그저 치료가 불가피한 질병이 되고 만다.

그 뒤에 숨은 원인은 무엇인가?

당연히 의문이 생긴다. 대체 어떤 원인이 숨어 있기에 그런 일이 생길까? 이 의문의 답은 광범위한 접근보다는 우선, 우리가 각자 추후에 더 깊이 고민해볼 수 있는 몇 가지 방향만 제시하고자 한다.

앞서 말한 방식으로 자신이 혼자 잘못된 상상을 지어내어 빠져든다 싶으면 가장 먼저 이런 것들을 곰곰 따져보아야 한다. 혹시 뭔가 꼬여 있는 것은 없는가? 어쩌면 상대방에게 내가 지금 덮어씌우는 부정한 애정 행각도 사실은, 내 마음 속에 숨어 있는 은밀한 욕망이 상대에게 투사된 것은 아닐까? 그 욕망을 실현할 용기는커녕 스스로 인정할 용기조차 나지 않아서 그런 건 아닐까?

과도한 질투심에 사로잡힌 사람들은 자기 내면의 욕구 세계를 도무지 '정리'하지 못한 채 사는 경우가 많다. 그저 욕구와 관련된 혼란을 막연하게 억압하기만 하는 것이다. 하지만 단순히 억눌러두기만 한 욕구는 저 깊은 곳에서 자꾸 튀어나오려 하고, 위기감을 느낀 당사자는 제일 가까운 곳에 있는 배우자한테 그 욕구를 전가한다. 심리학 용어로 말하자면 바로 그림자를 투사하는 현상이다. 그럴 때 상대방이 할 일은 하나다. 강력하게 한계를 긋고 자신의 권리를 지켜야 하며, 혼란을 규명해야 할 사람이 오히려 누구인지 냉정하게 말해야 한다. 즉, 질투심에 사로잡힌 배우자 자신의 마음을 들여다보도록 요구해야 하는 것이다.

두 번째로, 과장된 질투심에 빠져 있는 사람의 어린 시절이 어땠는지 의문을 품어보아야 한다. 어떤 사람들은 아주 어렸을 때 겪은 인간관계에 문제가 있어서 그런 증상을 보이는 경우가 있다. 아이 때 방치되었거나, 아예 버림받은 경험이 있을지도 모른다. 이렇게 해소되지 않은 애정 결핍은 성인이 되면 배우자 쪽으로 향하게 되고, 그 과정에서 어린 시절에 받은 고통이 그대로 되살아난다. 지금 겪는 질투의 비극이 근본적으로는 어린 시절 겪은 인간관계의 재현인 셈이다. 그렇게 뒤엉킨 관계 문제가 얽혀 있다면, 질투심에 사로잡힌 장본인이 그 사실을 인식하고 극복하기 위해 전문가의 도움을 받아야 한다. 그것도 빠른 시간 안에.

상대를 질투로 내몰기

정리하면, 폭력성이나 근거 없는 사실을 놓고 환상을 만들어내는 경향은 '정상적인' 질투의 범주를 벗어난 데다 일차적으로 질투하는 사람 본인에게 문제가 있다는 징후다. 하지만 아주 간단하게 그런 판단을 내리는 데는 조금 문제가 있다. 그 상대방이 배우자를 병적으로 보일 만한 질투심을 갖도록 말 그대로 몰아가는 일도 심심찮게 일어나기 때문이다. 예를 하나 들어보자. 다른 여자, 혹은 남자와 실제로 동침하거나 신체적 접촉 따위를 전혀 하지는 않더라도, 눈빛 하나하나, 몸짓, 말 등에 '그 모든 것보다 더한' 확실한 긴장감을 띄울 수도 있다. 그러면서도 배우자한테는 이렇게 말한다. "뭐야 당신! 그래서 내가 무슨 바람이라도 피웠어?" 실제로는 '잠정적'인 외도가 분명 존재하는데도 본인이 그것을 철저히 부인한다면, 배우자는 어쩔 수 없이 착란처럼 보이는 질투심에 사로잡힌다. 하지만 그것은 착란이 아니다. 질투하는 배우자는 분명히 '뭔가'가 있다는 사실을 확실히 느끼기 때문이다. 상대가 거짓말로 감추려 하는 것, 혹은 스스로도 인식하지 못하고 애써 부인하는 것을 분명히 보기 때문에 배우자는 질투라는 자연스런 반응을 보이는 것이다.

상황은 약간 다르지만 똑같은 결과를 낳는 경우도 있다. 부부 사이인데도 한 사람이 배우자에게 완전히 마음을 열지 않을 때다. 그런 사람은 나를 온전히 내주지도 않고, 상대방을 온전히 받아들이지도 않는다. 항상 경계를 긋고, '더 나은 날이 오기를'(어쩌면 '더 나은 사람을') 기다리는 듯한 인상이 든다. 이런 내적인 경계와 어정쩡한 미정 상태를 배우자가 알아차리지 못할 리 없다. 자연스레 '아주 사소한 것' 때문에도 질투심이 발동하는 일이 벌어진다. 배우자가 갈망하는 전적인 관계를 상대가 허락하지 않으니, 어디 다른 곳에서 그것을 채우고 있는 것은 아닌가 하는 의구심이 드는 건 당연한 일 아닐까? 그래서 이런 질투심은 배우자가 추측하는 근거가 실제로는 존재하지 않는다 해도, 전혀 '근거 없는' 것으로 치부할 수 없다. 더욱이 질투하는 배우자는 부부 관계 자체가 불완전하다는 느낌을 훨씬 더 잘 실감한다. 그러므로 배우자의 질투심이 완전히 병적이라고 한다면, 본인 역시 반드시 스스로를 돌이켜보아야 한다. 상대의 병적 질투 증상이 생겨나도록 내가 조장한 것은 정말 없는가? 아니면, 내 배우자가 '근거 없는' 질투심에 시달리는 걸 보면 혹시 우리 관계에 내가 지금껏 외면해 온 어떤 문제가 정말로 있는 것은 아닐까?

마지막으로, 자칫 위험해보일 수도 있는 한 가지 생각을 더 덧붙이고자 한다. 상대의 질투심을 일부러 자극하는 것이 때로는 전적으로 건설적인 해결책이 될 수도 있고, 심지어 일종의 '치료제' 기능을 할 수도 있다(어떤 병에 도리어 비슷한 병원체를 투입하여 치료하는 동종요법식 처방처럼). 예를 들면 이렇다.

프란츠와 힐데가르트는 지금껏 함께 잘 살아왔다. 하지만 너무 조용하고 무사태평한 나머지, 둘 사이는 지루하고 따분한 관계가 되어버렸다. 어느 날 연수를 받던 힐데가르트는, 거기서 자신에게 지대한 관심을 표명하는 잘생긴 청년 한 명을 알게 되었다. 힐데가르트가 눈에 생기를 가득 담고, 이 청년이 얼마나 매력적인지 프란츠한테 얘기해주자, 의외로 남편은 당장 불 같은 질투심을 드러냈다. 그러고 나서 작은 기적이 일어났다. 그날부터 프란츠는 완전히 딴 사람이 되었다. 모든 것에 느슨한 태도를 보였던 아저씨가 갑자기 빠릿빠릿하고 능동적인 '남자'로 변신했던 것이다. 애인 같은 느낌을 주는 그런 남편으로 말이다!

필자는 감히 이렇게 말하고 싶다. 당신한테도 이런 일이 가끔 일어나야 한다. 그것도 너무 뜸하지 않게, 잊어버릴 만하면 한 번씩 자극요법을 써야 한다. 이 요법의 놀라운 효과는 모두 질투 덕분이다! 자, 질투라는 것이 있어서 참 다행이라는 생각이 들지 않는가?

상대의 질투심, 이렇게 바라보자

1. 질투심은 사랑이 위협받을 때 일어나는 당연한 반응이기 때문에 무엇보다도 정상적인 감정으로 해석해야 한다. 질투는 '사랑의 기압계'다.

2. 질투를 '잘만' 이용하면 타성과 습관에 젖고 무관심에 빠진 배우자를 자극하고 활기를 부여하는 일도 가능하다. (물론 나름대로 위험 부담도 크다는 것을 유념하자.)

3. 병적이고 비정상적인 질투심의 신호는 두 가지다.

   첫째, 아무 계기도 없거나 있어도 근거가 없는 사실을 놓고 환상을 불러일으키며 거기서 헤어나지 못한다. 둘째, 폭력성이 짙어진다.

4. 또한 한쪽이 상대방을 그런 광적인 질투로 몰아갈 수도 있다.

   첫째, 다른 이성과 은밀하면서도 묘한 유희를 즐기면서도, 겉으로는 그 행동의 성적인 성격을 완강히 부인할 때.

   둘째, 겉으로 드러나지 않지만 확실히 느낄 수 있을 만큼 부부 관계를 강화하는 데 거부감을 보일 때다.

10장

사랑을 지키는 파트너십

오래 가는 사랑의 법칙

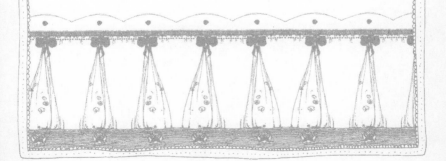

* * *

사랑이 오래 이어지려면 반드시 질서가 필요하다.
안 그러면 그 사랑은 파괴적인 독이 되거나, 한순간 타올랐다가
한순간에 사그라드는 불꽃에 지나지 않는다. '사랑의 질서' 란
관계가 좌초하는 것을 막기 위해 지켜야 하는
사랑의 내적인 법칙을 말한다.

'사랑'과 '질서'를 함께 붙여 말한다는 게 어색해 보일지 모른다. 사랑이라고 하면 감정이 연상되게 마련인데, 감정은 도무지 질서와는 상관이 없으니 말이다. 한번 시작됐다 하면 이미 존재하던 질서까지 무너뜨리고 가정이니 규범이니 도덕이니 하는 것들을 깡그리 무시하게 만드는 게 에로틱한 정열의 힘 아닌가. 하지만 사랑이 오래 이어지려면 반드시 질서가 필요하다. 안 그러면 그 사랑은 파괴적인 독이 되거나, 한순간 타올랐다가 한순간에 사그라드는 불꽃에 지나지 않는다. 단, 여기서 말하는 (심리학자 베르트 헬링거Bert Hellinger가 처음 사용한 표현인) '사랑의 질서'는 누군가, 이를테면 신이라든지 국가, 사회 같은 외부의 힘이 임의로 '정해'준 것이 아니다. 이때의 '질서'란 관

계가 좌초하는 것을 막기 위해 지켜야 하는 사랑의 내적인 법칙을 말한다.

이 장에서는 그런 사랑의 법칙을 이야기할 것이다. 그리고 단순히 부부 두 사람뿐 아니라 자녀들까지, 즉 가족 전체를 이야기의 대상으로 삼을 것이다. 아이야말로 부부 관계를 좋게도 나쁘게도 만들 수 있는 큰 요인이며, 거꾸로 부부 관계가 어떠냐에 따라 아이들의 행복과 불행도 직접 영향을 받기 때문이다.

최근 나는 한 심리치료 학술회의에 참가한 적이 있다. 거기서 어느 가족 치료 전문가가 자신이 찍은 가족 실험 비디오를 참석자들에게 보여주었다. 그 비디오에서는 엄마, 아빠, 어린아이로 이루어진 삼자가 서로 어떻게 소통하고 행동하는지 잘 나타났다. 엄마는 그야말로 혼자서 아이와 열심히 놀고 응대했다. 그러다 어느 순간 엄마 얼굴에서 지치고 고단해하는 기색이 완연해졌다. 엄마는 이쯤 해서 아빠에게 아이를 맡겨보려고 했으나, 아빠는 완전히 이방인 같은 태도를 보였다. 이제 아이를 '넘겨받아야' 할 때라는 걸 도무지 파악하지 못하는 듯했다. 여러 차례의 시도가 실패로 끝나자 엄마는 한숨을 푹 내쉬더니 의자에 몸을 묻고 단념하는 것 같았다.

그때 아이가 놀라운 행동을 취했다. 처음에는 아이도 조금 당황하는 눈치더니, 곧 자기가 알아서 아빠한테 '엉기고' 아빠를 '꾀어내려'고 갖은 애를 쓰는 게 아닌가! 그래도 아빠가 꿈쩍하지 않자 아이는 엄마를 한번 건너다보더니, 마찬가지로 한숨을 푹 내쉬었다. 마치 "엄마가 피곤한 것도 당연해. 불쌍한 우리 엄마." 하고 말하는 것 같았다. 이 집의 조그만 아이는 벌써부터 엄마가 기분이 안 좋고 아빠가 건성으로 행동할 때, 저절로 엄마한테 신경 써주는 법을 터득했던 것이다. 원래 엄마를 돌보는 건 아빠의 몫이다. 하지만 아빠가 전혀 움직이지 않으니 아이가 아빠를 대신해 역할을 떠맡은 것이다. 이 장면을 보여준 전문가는 그 집에서 '벌어지는' 광경을 도발적인 슬라이드 한 장으로 표현했다. 영사기로 비친 화면에는, 거인만 한 몸집의 '아기'가 아기처럼 조그만 '엄마'를 팔에 안고 있는 콜라주가 나타났다!

지금부터 말하려고 하는 내적인 법칙 혹은 사랑의 질서가 모두 이 실험 한 편에 응축되어 있다.

아이에게는 아빠와 엄마가 모두 필요하다

아이들은 엄마 아빠 모두와 접촉이 필요하다. 앞서 말한 실험에서 아빠는 아이에게는 닿을 수 없는 존재였다. 아빠는 '밖에' 있는 사람이었던 것이다. 그런 일이 가끔 가다 한 번 일어나는 정도가 아니라 항상 반복되면 가족 구성원 모두에게 부정적인 결과가 나타난다.

우선, 아이는 자나 깨나 엄마 담당이므로, 엄마와 맺는 관계만 지나치게 강해진다. 둘째, 그러다 보면 아빠는 자신도 모르는 사이에 점차 심리적으로 가족 공동체에서 소외되거나, 실험 비디오에서 본 것처럼 아예 자기 가족에게서 떨어져나간다. 그런 아빠는 집에 돈을 벌어다주고, 때로는 보상과 처벌을 내리는 사람으로 비칠 수는 있어도, 그외에는 철저히 '외부 사람'일 뿐이다. 엄마하고만 시간을 많이 보내고 아빠와 접촉의 밀도가 부족한 아이들은 심한 경우 발달장애를 겪게 되고 나중에도 정상적인 성인으로 자라기 힘들다. 셋째, 부부 관계 또한 당연히 삐걱댄다. 아내는 외톨이의 심정이 되고, 아이 문제에서는 남편을 완전히 무능력자로 보게 될 것이다. 남편은 남편대로 아이들과 관련된 일은 아내가 모조리 다 알아서 해치우니까 자신이 가족 안에서 정말 하찮고 불필요한 존재로 전락한 듯한 기분이 든다. 넷째, 그런 상황에 처하면 아이는 실험 비디오에 나온 것처럼 어려서부터 엄마의 심리 상태에 신경을 쓰기 시작한다. 즉, 엄마의 '어머니' 혹은 '남편' 역할을 맡는 것이다. 어린아이한테 그런 역할은 당연히 무리일 수밖에 없으며 성장에도 부정적인 영향을 끼친다.

앞서 살핀 가정 내의 '질서' 파괴는 특히 남편이 철저히 직장 일에만 파묻혀 살고 아내는 가정이 유일한 활동 영역이 될 정도로 집안일에만 매달려 살 경우 빈번하게 발생하는 현상이다. 일단 그런 질서 파괴가 시작되면 "아이는 엄마가 맡고, 아빠는 바깥으로만 도는" 패턴이 고착되는 것은 시간 문제다. 거기다 부부가 이혼을 하거나 부모 중 한쪽(주로 아버지 쪽)이 가족들과 떨어져 살면 문제는 더 심각해진다. 이럴 때 특별히 주의해서 아이들이 아빠와 꾸준히 만남을 갖도록 노력하지 않으면, 십중팔구 방금 말한 패턴이 가족 관계를 지배하게 된다. 부모가 이혼해 엄마 혹은 아빠가 아이들과 떨어져 산다 해도, 엄마와 아빠는 아이들한테 그 누구도 대신할 수 없는 아주 중요한 애착 인물이다. 비록 부부가 헤어지더라도, 아이한테 부모 두 사람은 모두 필요한 존재라는 사실을 잊어선 안 된다.

부부 차원과 부모 차원

'부부 차원과 부모 차원'이라는 제목이 두 번째 '규칙'을 암시

한다. 즉, 아내와 남편은 가정에서 각기 독립된 개인으로 존재할 뿐 아니라, 하나의 쌍, 그러니까 부부라는 이름의 한 쌍이기도 하고 자녀를 키우는 부모로서 한 쌍이기도 하다.

부모로서 한 쌍이라는 말은 곧 아이와 공동으로 교류한다는 뜻이다. 즉 두 사람은 아이 앞에서 상대를 고립시키지도 않고 더욱이 서로를 배격하지도 않는다. 하지만 사실 아버지 혼자 아이를 돌보거나 어머니 혼자 돌보는 경우가 교차될 때만 문제가 없을 뿐, 부모 양쪽이 함께 있으면 마찰이 일어나는 경우가 비일비재하다. 한마디로 '협력 체계'가 불가능한 것이다. 협력 체계라고 해서, 아빠와 엄마가 아주 사소한 점에서까지 교육 방침이 똑같아야 한다거나 모든 면에서 아이를 똑같은 태도로 대해야 한다는 것은 아니다. 다만, 최소한 상대방이 부모로서 택한 방식을 인정하고 존중해주어야 한다는 전제가 필요하다. 그 조건이 잘 지켜지는지 아닌지는, 부부가 서로 상대방의 양육 방식을 너그럽게 인정하는 태도로 지켜보는지, 아니면 '도저히 두고 볼 수 없어서' 일일이 따지고 고치려 드는지를 보면 알 수 있다.

한편 '부부로서 한 쌍'이란 어떤 의미일까? 가정 안에서도 부부끼리만 공유하는 세계가 분명히 있다. 아내와 남편이 오직 부모 역할만 하는 건 아니다. 부부만의 세계가 오래 문제 없이 유지되려면 둘 사이의 성적인 욕구와 긴장이 살아 있어야 한다. 안 그러면 파트너보다 아이가, 대개 아버지는 딸아이, 어머니는 아들에게 각별한 관심을 두게 된다. 그러면 아이는 아이대로 '지나치게 중요한' 존재가 되는 데다 가족 안에서 부적절한 의미를 부여받기 때문에 심리적으로 결코 좋은 영향을 받지 못한다. 부모 역시 자기가 집안에서 그저 일이나 하고 다른 식구들 뒷바라지나 하는 사람이 아니라, '나를 여자로서 매력 있게 봐주는 남자'와 '남자로서 내 매력을 알아주는 여자'가 있다는 사실을 깨닫고 그 느낌을 충분히 누릴 기회를 반드시 만들어야 한다.

부부가 자기들만의 세계를 만들려면, 아이들과 분리된 두 사람의 공간을 확보하려는 의지와 능력이 있어야 한다. 즉, 남편과 아내가 두 사람만을 위한 적당한 시간과 공간을 마련하고 아무도 함부로 방해하지 못하게 해야 한다. 물론 아이가 많이 어리다면 그러기 힘들고, 종종 부부의 시간을 포기해야 하는 일도 생긴다. 특히 자유분방한 교육관을 가진 부모들은 아무 데서나, 그리고 아무 때나 '끼어드는' 버릇이 든 아이에게 휘둘릴 위험도 있다. 하지만 아이도 부모 사이에 존재하는 단단한 감정적 결속을 실감하고, 또 부모와 자기 사이에 명확한 경계를 느낄 때 비로소 안정감을 느낀다. 그렇지 않고 '언제나 모든 것이 가능'하면 아이는 오히려 불안과 위험을 느끼기 쉽다.

아이는 배우자가 아니다

사랑의 세 번째 '질서'는 사실 앞에서 말한 이야기에 이미 다 들어 있는 내용이다. 여자아이가 '아빠 딸'이 되거나(되고) 남자아이가 '엄마 아들'이 되면 가족 관계는 어그러지기 시작한다. 부모와 자녀들 사이에는 당연히 조금씩 다른 감정적 차이가 존재하게 마련이다. 부모가 아무리 아이들을 완벽할 정도로 동등하게 대하겠다고 마음먹어도 마찬가지다. 모두 같은 자식인데도 한 아이가 다른 아이보다 조금 더 사랑스럽고 예뻐 보이는 것은 어쩔 수 없고, 또 지극히 자연스러운 현상이다. 감정은 '정의'에 따라 움직이지 않는다. 감정은 그냥 이유 없이 생겨나는 것이기에 강제로 없애거나 바꿀 수 있는 것도 아니다. 어쩔 수 없는 감정의 흐름을 부정할 필요는 없다. 그 감정을 표현할 때 주의하면 된다.

다만 문제는 아버지와 딸 사이, 그리고 어머니와 아들 사이에 아주 각별한 관계, 그러니까 나머지 한쪽 부모가 그 사이에 도무지 끼어들 수가 없는 그런 관계가 생길 때이다. 다른 말로

바꾸면, 아빠와 딸, 엄마와 아들 사이에 남편과 아내 사이보다
더 가깝고 믿음직스럽고 '친밀한' 감정이 싹튼다는 뜻이다. 거
기에 성적인 느낌이 완전히 배제되어 있다고 해도 그런 관계는
종종 에로틱한 분위기를 띠기 쉽다. 그러면 당연히 다른 쪽 부
모는 상처를 받게 되고, 자기 아이를 상대로 경쟁을 벌여야 하
는 처지에 놓인다. 물론 이런 관계는 아이에게도 전혀 도움이
안 된다. 형제자매 관계는 물론이고 아버지와 어머니 각각에 대
해서도, 나중에 만날 배우자와의 관계에도 지장을 줄 만큼 지나
친 애착이 발생하기 때문이다.

　가족은 단순히 여러 명의 개인이 모인 집단이 아니다. 끊임
없이 변하고 바뀔 수 있는 것이 가족 관계지만 기본적인 틀이
있어야 하고 일정한 질서도 필요하다. 그러지 않으면 가족은 각
각 고립된 개인들로 쉽게 해체되고 말 것이다.

어떻게 사랑의 '질서'를 지킬 것인가

1. 우리 가정의 '질서'는 어떤 모습인가?

   두 배우자 가운데 누가 먼저 시작해도 좋다. 가족 구성원 하나에 동전 하나씩을 정해서 종이 위에 놓는다.(예를 들어 아버지는 500원, 어머니는 100원, 딸은 50원, 아들은 10원짜리 동전으로 표시한다.) 자신을 상징하는 동전을 중심으로 실제 가족들과의 사이와 거리감을 고려해서 각 동전을 배치한다. 그리고 나서 각 동전 주위를 그어 원을 그린 뒤 동전을 치우고 그 안에 해당하는 가족 구성원의 이름을 적는다. 그러면 우리 가족의 질서를 나타내는 배치도가 완성된다. 누가 누구와 사이가 가깝고 누구와 먼가?

   나머지 한 명의 배우자도 배치도를 그려보고 서로 일치하는 점과 어긋나는 점에 대해 이야기를 나눠보자.

2. 이야기를 하되 앞서 나온 가정 내 세 가지 '기본 질서'를 염두에 두고 거기에 초점을 맞춰본다.

   접근성 : 아이들은 엄마와 아빠 양쪽에 비슷한 정도의 접근성을 누리고 있는가? 아니면 아이들과의 교류가 부모 중 한쪽에만 치우치고 제한되어 있진 않은가?

   경계 : 우리 부부는 아이 눈에 부모로서 훌륭한 '팀'으로 비치는가? 우리 부부는 아이 아빠 혹은 엄마로서 상대방을 충분히 존중해주는가?

가정 내에서 우리 부부만 공유할 수 있는 독립된 공간이 있는가? 아이들과 그밖의 사람들이 침범할 수 없는 고유 영역이 잘 지켜지는가? 혹은 아무나 마음만 먹으면 부부 사이에 끼어드는 것이 가능하진 않은가?

결속 : 엄마와 아들 사이에서 아버지가 배제되거나 아빠와 딸 사이에서 어머니가 배제되는 일은 없는가?

3. 우리 가족 내에 '무질서'가 존재한다는 사실을 깨달았다면, 다음 문제의 답을 찾아보자.

　* 질서란 어떠해야 하는가?

　* 새로 질서를 세우려면 어떤 일을 해야 할까?

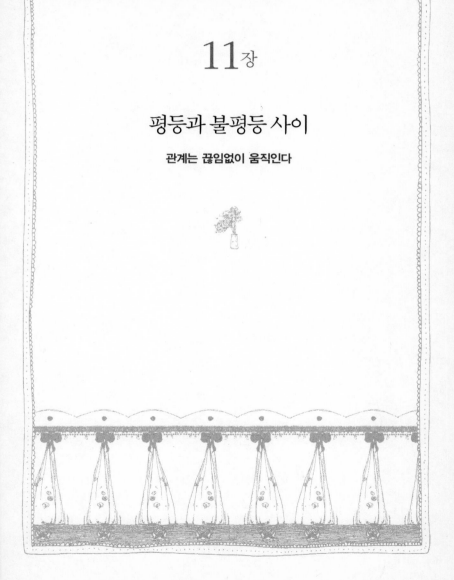

11장

평등과 불평등 사이

관계는 끊임없이 움직인다

연인 관계, 부부 관계에서는 주고받음이 균형 있게 이루어져야
서로 평등하다는 느낌을 공유할 수 있다. 어느 한쪽이 오랫동안 주기만 하고
받는 것이 없다고 느끼면 이용당하는 기분이 들고 불만이 생긴다.
반대로 받기만 하고 주는 것은 없다는 생각을 하는 순간부터
그 사람은 죄책감과 빚진 기분에 시달리게 된다.

젊은 두 연인은 각자 직업이 있었고 나름대로 성공한 데다
돈도 잘 벌었다. 두 사람은 한 번은 그가, 한 번은 그녀가 내는
식으로 데이트 비용을 부담했으며, 번갈아 요리하고 식사 준비
를 했다. 서로 주고받은 아기자기한 사치가 즐거움을 선사했고,
그런 시간에 뒤이어 함께 보낸 아름다운 밤들은 두 사람의 기억
속에 꿈처럼 남았다. 그때 그들은 두 사람이 동등하다고 느꼈
다. 똑같이 강하고 똑같이 능력 있으며 똑같이 품위를 지녔다고
말이다.

어느덧 그들은 살림을 합쳤고 곧 결혼도 했다. 그런데 그때
부터 갑자기 모든 것이 달라지기 시작했다. 희한하게도 식사 준
비와 설거지 하는 게 죄다 그녀 몫이 되어버린 것이다. 남자가

냉장고를 열었을 때 속이 텅 비어 있는 데다 설상가상 그때가 가게 문이 닫힌 시각이라면, 남자는 자동적으로 여자에게 꾸짖는 듯한 눈길을 던졌다. 그러면 여자는 저도 모르게 죄책감이 들어서 어째서 장을 봐두지 못했는지 둘러대야 했다. 얼마 후 첫 아이가 태어났고 오래지 않아 둘째도 세상에 나왔다. 여자는 예전처럼 사회 생활을 하며 돈을 벌지 못하자 남편에게 얹혀산다는 기분이 들었다. 남자는 하루 종일 나가 있다가 퇴근해 집에 돌아오면 피곤하다면서 쉬고만 싶어했다. 가족을 돌보는 일은 점점 더 여자 몫이 되어 갔다.

식사를 마치기가 무섭게 남자는 컴퓨터 앞으로 직행했다. 식탁 위에 치워야 할 그릇이 잔뜩 놓였는데도 거들떠보지도 않았다. 아빠가 말끝마다 시간도 없고 피곤하다고 하는 통에, 아이들도 사사건건 엄마에게 달려왔다. 그러면서도 남자는 밤이면 아내와 잠자리를 같이 하고 싶어했다. 여자는 남자가 밖에서 돈을 벌고 경력을 착착 쌓는 동안, 집안에서 유일무이한 '관계-노동자'가 되어 온갖 책임을 짊어져야 했다. 처음 그들이 느낀 동등함, 즉 똑같이 강하고 똑같이 품격 있는 사람이라는 느낌은 어디론가 사라져버렸다. 그러자 여자는 자신이 가정부가 된 듯한 기분이 들었고, 때로는 아무 짝에도 쓸모없는 존재가 돼버린 듯한 느낌도 들었다.

자괴감과 소외감의 악순환

이런 변화를 두고 불만을 토로하는 것은 주로 여자들이다. 그런데 신기한 것은, 아무리 양쪽 다 개선의 의지를 갖추었다 하더라도 곧 다시 전통적 역할 분담으로 돌아가기 일쑤라는 점이다. 부부가 완전히 '평등한' 조건을 갖추고 부부 생활을 시작했더라도 마찬가지다. 어쨌든 노력했는데도 나아지는 게 없으면, 대부분의 아내들은 단념하고 운명에 순응하기로 마음먹는다. 그리고 육아와 살림은 물론이고, 직장에 다니며 돈을 버는 경우엔 직장 일까지 더해 두 배, 세 배에 이르는 짐을 혼자 끙끙 짊어지고 살다가 끝내 완전히 건강을 망치기까지 한다. 일부 여성들은 집안의 '독재자'에게 반기를 들고 그와의 동침을 거부하여 상대로부터 "당신이 무슨 페미니스트라도 돼?"라는 조롱 섞인 핀잔을 듣기도 한다.

하지만 남편 쪽에서 보면 이 문제는 전혀 다르게 보인다. 직장에서 내내 들볶이고, 집에 돌아오니 '아내와 아이들의 세계'에서 낯선 이방인 취급만 받는다. 자기 식구들인데도 함께 나눌 말도 없고, 자기 집에 앉아 있는데도 꼭 침입자가 된 기분이다. 그나마 겨우 위안과 휴식을 얻을까 싶던 침실에서의 작은 기대마저 거부당하고 만다. 그때부터 결코 끝나지 않을 것 같은 권력 투쟁이 시작된다. 처음에는 아주 사소한 이유에서 시작한 다툼도 어느덧 두 사람이 결코 합의점을 못 찾을 근본적인 문제들까지 건드리며 크게 번진다.

어째서 이런 악순환에 빠진 걸까? 두 사람은 한때 열렬히 사랑했던 사이가 아닌가? 게다가 두 사람은 의식적이고 계획적으로 둘의 관계에서 평등을 실현하겠다는 강한 열망을 품고 있었다. 어딘가에 그들의 의식적인 의지보다 더 강한 모종의 힘이 작용하고 있는 건 아닐까? 그렇다면 그 힘이 대체 무엇일까? 그것은 바로 우리가 살고 있는 후기산업사회의 거대한 구조와 형태다. 이 사회 구조가 가족과 직업이라는 두 세계를 멀찌감치 떨어뜨려놓고 있으며, 개인의 삶 속에서 두 세계가 연결되고 통합되는 것을 거의 불가능하게 만든다. 물론 요즘은 기대 이상으로 가정과 직장일의 공존을 용인하는 분위기를 가진 일터도 많이 있는 것이 사실이다. 하지만 그런 공존이 별 무리 없이 실현 가능한 (예를 들어 아예 자영업이나 프리랜서) 가정에서조차 같은 악순환이 거의 예외 없이 재현된다. 자아실현을 포기한 아내는 자신이 집안의 가정부라는 자괴감 속에 살며, 남편은 아내가 전권을 휘두르는 가족이라는 세계에 끼어들지 못해 소외감에 시달린다.

벗어나지 못하는 케케묵은 역할 패턴

그렇다면 구체적으로 어떤 힘이 이들을 지배할까? 그 힘이 어떤 과정을 통해 남녀의 평등한 관계를 짓밟는 것일까? 이제부터 이 질문의 답이 될 몇 가지 사실들을 하나하나 짚어보자.

우선, 역할 모델의 영향을 들 수 있다. 부모 세대에게서 배운 역할분담 모델을 극복하기란 우리가 처음 막 사랑에 빠졌을 때 흔히 예상하는 것보다 훨씬 어렵다. 부모와 한 집에서 살다가 자기 가정을 갖게 되면 전혀 낯선 목표를 향해 새로운 항해를 시작하는 것이나 마찬가지다. 부모 세대와 완전히 다른 새로운 무언가를 이루겠다는 의지도 바위만큼 굳건하다. 하지만 막상 남편이 되고 아내가 되면, 또 엄마가 되고 아빠가 되면 일이 생각만큼 쉽게 흘러가지 않는다. 우리는 자신도 모르는 사이에 부모를 따라 익숙한 전철을 밟는다. 즉, 우리 부모들이 보여준 전형적인 아내, 전형적인 남편, 혹은 전형적인 어머니, 아버지의 모습을 비슷하게 그대로 따라하는 것이다.

식사를 마친 뒤 그릇을 치우기는커녕 당연하다는 듯 곧장 식탁에서 일어나 거실 소파로 가버리는 남편이 있다면, 그 아버지도 똑같이 그렇게 행동했을 가능성이 무척 높다. 마찬가지로 냉장고가 텅 빌 때마다 저도 모르게 죄책감을 느끼는 여자는 역시 어릴 때부터 어머니가 보여준 역할 모델을 그대로 따라하고 있을 가능성이 크다. 부모가 놓였던 상황과 비슷한 상황에 맞닥뜨렸을 때 부모와 완전히 다른 행동을 하기란 쉽지 않다. 어릴 때부터 보아 온 살아 있는 모델이 머리 속 깊이 각인되어 거의 동일한 행동 유형을 따르는 것이다.

게다가 부모님 집에서 보고 듣고 겪은 모든 것을 던져버리고 무엇이든 부모와 정반대로만 행동하겠다고 마음먹은 경우야말로, 아버지, 어머니와 완전히 똑같이 행동할 가능성이 더욱 크다. 이런 현상은 양쪽 성 모두에 적용된다. 아내들은 종종 남편이 독재자처럼 행동한다고 비판하지만, 혹시 무조건 헌신하고 자신을 깎아내리는 어머니 역할을 자신이 먼저 자처한 것은 아닌지, 그래서 독재자의 권좌를 만들어 남편을 거기 앉혀준 것은 아닌지 잘 생각해봐야 한다.

그렇다면 어떻게 해야 할까? 우선, 부모가 물려준 역할 모델이 우리 마음 속에 생각보다 훨씬 더 깊이 뿌리 내린 채 강한 힘을 발휘한다는 사실을 인정하자. 그것 때문에 굳이 기분 상할 필요까지는 없다. 그냥 애초부터 남자든 여자든 보고 자란 대로 행동한다는 점에서 똑같다는 것만 알면 된다. 각인된 역할 모델을 의식하는 순간부터 부부는 함께 새로운 가능성을 모색할 수 있다. 남편은 아내의 비판을 듣고 그것을 계기로 혹시 자기가 아버지의 전형적인 역할 모델을 그대로 따라한 것은 아닌지 반성하고 되짚어보게 될 것이다. 또 아내는 아내대로, 자신이 판에 박힌 주부 역할, 어머니 역할을 반복하는 것이 오직 남편 때문이 아니라 어려서부터 보고 자란 어머니 모습을 무의식적으로 따라했다는 것을 알아차릴 것이다. 그런 깨달음이 생기는 순간, 행동을 바꾸고 수정하는 것도 가능해지고, 나를 이 상황으로(이 역할로) 몰아넣은 장본인이 상대방이라는 책망도 끝낼 수 있다.

주고받음이 불평등한 대차대조표

사랑하는 연인이 부부와 부모로 발전할 때 그 과정에서 두 사람의 평등한 관계를 무너뜨리는 요인은 여러 가지가 있다. 그 두 번째 것이 바로, 주고받음의 대차대조표에서 균형이 깨지는 현상이다. 연인 관계, 부부 관계에서는 주고받음이 균형 있게 이루어져야 서로 평등하다는 느낌을 공유할 수 있다. 성인들의 관계에서는 내가 상대방에게 주는 만큼 받는 것도 있어야 그 관계가 '정상'으로 흘러가고, 또 이런 상호성이 충족되어야만 사랑과 행복감을 느낄 수 있다. 그렇지 않고 어느 한쪽이 오랫동안 주기만 하고 받는 것이 없다고 느끼면 이용당하는 기분이 들고 불만이 생긴다. 반대로 받기만 하고 주는 것이 없다는 생각을 하는 순간부터 그 사람은 죄책감과 빚진 기분에 시달리게 된다. 게다가 그 '빚'은 시간이 흐를수록 점점 더 늘어난다.

아내가 아이 때문에 집에 있어야 하는 상황이고 특히 남편이 주된 에너지를 온통 직장 일에만 쏟거나 쏟아야 하는 경우엔 아내가 주로 '주는 입장'이 된다. 가족의 욕구 해결을 위해 끊임없이 무언가를 해야 하고 배려하는 역할을 수행해야 하기 때문이다. 그런데도 대부분의 남편은 오랫동안 자신이 점점 감정적으로 하숙생처럼 되어 가고 아내는 (뭐든 가서 상의하면 도움을 주는) '하숙집 아주머니'가 되어 간다는 사실, 그리고 남편 자신이 오히려 '배려의 포위'를 벗어나려고 하는 위태로운 불균형이 진행 중이라는 걸 잘 깨닫지 못한다. 아내는 아내대로 가정부나 노예가 된 듯한 느낌, 텅 비고 고갈된 느낌에 젖는다. 그러다 우연히 자기를 꾸준히 '받는 입장'으로 만들어주는 남자라도 만나면, 결혼 서약은 쉽게 깨질 위험에 처한다.

부부는 항상 둘 사이에 주고받음이 불균형하게 이루어지지 않는지 주의를 기울여야 한다. 물론 남자들이 가족을 먹여 살리기 위해 일하고 돈을 벌어 오는 것도 당연히 주는 것에 속한다. 다만, 이 형태의 '주기'는 관계 속에서 쉽게 느끼기 힘든 성질을 지니고 있다. 너와 나 사이에 오가는 것이 아니기 때문이다. 사람과 사람이 직접 주고받는 최소한의 무언가가 있어야 주고받음의 대차대조표에 적자가 생기지 않는다. 사실 그 무언가가 대단할 필요는 없다. 꽃 한 다발, 일주일에 하루쯤 집에 일찍 들어와서 아이랑 놀아주기, 아내가 좋아할 만한 근사한 레스토랑에 가서 식사하기 따위다. '객관적으로' 보면 부부의 대차대조표 수지가 딱 들어맞는 게 아니더라도, 또 형편상 완전한 균형을 기대하기 힘든 상황이라 해도 마찬가지다. 아내의 결핍감은 그런 작은 관심만으로도 메워질 수 있고, 균형감도 되돌아올 수 있다. 물론 두 사람 모두 그럴 자세가 되어 있어야 한다. 남편은 주고, 아내는 기꺼이 받을 자세 말이다.

여자들은 받는 것에 지독히 서툴다. 예를 들어 남편이 큰 맘먹고 아이들은 자기가 책임질 테니 걱정 말고 하루 저녁 놀다 오라고 하는데도 아내는 도무지 용기가 나질 않는다. 아이들 아빠가 매사에 다 엄마가 하는 식으로 똑같이 아이들을 돌볼 수 있을지 믿음이 가지 않아서다. 혹은 어쩌다 아내를 기쁘게 해주고 싶은 마음에 꽃이라도 한 다발 사서 현관문을 열고 들어서면, 아내는 기쁜 기색은 고사하고 어깨를 으쓱하며 "어머, 당신이 무슨 바람이 불어서 꽃까지 사왔대?!" 하는 말로 남편 기분을 상하게 한다. 머리부터 발끝까지 어머니가 해주는 것만 받고 자란 남자들이 결혼하고 나서 뒤늦게 베푸는 법을 배워야 하는 것처럼, 여자들도 기꺼이 받고 누리는 법을 배워야 한다. 그렇게 조금씩 새 방식에 익숙해지려고 노력하다 보면 쌍방이 평등하게 주고받는 관계, 균형이 잘 잡힌 관계가 가능해진다.

누가 권력의 원천을 쥐고 있는가

부부의 대등한 관계를 저해하는 세 번째 요인은 권력 원천에 대한 접근권에 차이가 생긴다는 점이다. 어떤 관계에서 우월함과 열등함은 누가 어떤 권력 원천에 더 큰 권한을 가졌느냐 여부에 따라 달라진다. 권력 원천에는 돈, 직업, 지위, 정보, 관계 등이 포함된다. 앞에서 예로 든 젊은 부부는, 처음엔 둘 다 거의 비슷한 권력 원천에 비슷한 수준의 권한을 지니고 있었다. 각자 직업이 있었고, 돈도 엇비슷하게 벌었으며, 고등교육을 받아 비슷한 정보력을 지니고 있었다. 또 직장에서도 비슷한 정도로 인정을 받고 살았다.

그런데 연인이 가족을 형성하게 되면 순식간에 많은 것이 달라진다. 남자는 '제대로 된' 직업을 유지하고, 또 한 가구의 대표적인 수입원이 되기 때문에 인정도 더 받는다. 하지만 여자는 상대적으로 열등감에 시달린다. 그런데 다른 관점에서 보면 이 상황은 반대로도 해석된다. 여자는 집안의 중심에 자리 잡고 남자가 접할 수 없는 정보를 마음껏 주무르는 권한을 누린다. 바로 아이들과의 관계를 그녀가 관리하고 있기 때문이다. 당연히 남자도 그 안에서는 열등감을 느낄 테고, 가족 대소사에서 이렇다 할 영향력을 전혀 발휘하지 못하는 주변 인물로 낙오되고 만다.

연인이 부부가 되면서 두 사람은 새로운 인생 단계에 접어든다. 그 과정에서 각자의 권력 원천이 달라진다는 점에 주의를 기울이지 않으면, 부부 관계가 금방 맹렬한 권력 다툼으로 치닫기 쉽다. '직업'과 '돈'이라는 권력 원천에 접근 권한이 없어진 아내가 남편에게 중요한 정보를 알려주지 않음으로써 '아이들과의 관계'라는 권력 원천에 접근하는 것을 막을 수도 있다. 남편은 집에서 계속 소외감을 느낄 것이고 자기도 더는 부인과 직장에 관한 정보를 공유하지 않으려 할 것이다. 남편의 세계에서 소외되었다는 느낌을 받은 아내는 다시 더욱 더 가정이라는 울타리 안에서 자기 위치를 고수하려 애쓴다.

말하자면 부부가 앞 다투어 상대방을 자기보다 열등한 위치로 끌어내리려고 하면서도, 정작 상대가 자기가 주로 장악한 권력 원천을 이 다툼에 끌어들이게끔 도발하는 우를 범한다. 최악의 경우 이 분투는 아내가 남편이 '성(性)'이라는 권력 원천에 접근하지 못하도록 차단해버리고, 남편은 꺼내 들어서는 안 될 '물리력'이라는 이름의 카드를 뽑아 폭력을 행사하는 사태로 번지기도 하다.

이런 관계 유형은 부부 관계를 근본적으로 망가뜨린다. 그러므로 두 배우자가 상호간에, 자신이 가진 권력 원천에 상대가 접근하는 것을 허락하는 한편 자신도 상대의 권력을 충분히 활용하는 법을 배워야 한다. 예를 들어, 앞의 경우에 아내는 남편 명의의 통장을 포함하여 모든 은행 계좌를 관리할 권한을 가져야 하고, 가정 경제의 전권도 부여받아야 한다. 당연히 돈이 오가는 모든 명목에 관심을 두고 적극 참여해야 한다.

한편 남편은 아버지만이 할 수 있는 방식으로 아이들과 관계를 구축해야 한다. 아내는 남편이 조금 다른 방식으로 아이들을 다루는 것을 허용해야 한다. 또 두 사람이 비슷한 정도로 가족 이외의 사람들과 관계를 맺고 유지하되, 상대방의 인간 관계를 지지하고 뒷받침해주는 것도 필요하다. 상대방이 특정 권력 원천을 사용하는 것을 허락하고 자신도 그 권한을 적극 활용하며, 무관심 따위로 자신을 고립시키지 않아야 한다. 다시 말해, 관계 안에 존재하는 권력을 공평하게 소유하고 끊임없이 평등한 관계를 유지하려는 노력이 필요한 것이다.

대등한 관계란 고정된 것이 아니다. 항상 꾸준히 노력해야 이룰 수 있는 목표이고, 끊임없이 시험대에 올려야 하는 과정이다. 사회적 조건, 앞 세대에서 이어진 역할 모델의 이미지, 눈치채지 못하는 사이에 습관처럼 젖어버린 전통적인 관계 틀 탓에, 우리가 쌓은 평등의 탑은 허물어지기 십상이다. 평등함이 사라진다는 건 즉, 한쪽 혹은 양쪽 모두 자존감에 상처를 입는다는 것을 의미하며, 이것은 다시 중대한 위기를 일으키는 싹이 되기도 한다. 늦지 않게 조치를 취하려면, 평소에도 이 문제에 부단히 주의를 기울이고 관심을 잃지 않아야 한다. 다른 그 무엇도 아닌 사랑을 위해서.

부부 사이의 평등함을 지키기 위한 교훈

1. 여자와 남자가 인격체로서 동등하다는 것은 이론적으로 논란의 여지가 없다. 그런데도 실생활에서는 부부가 함께 살기 시작하면 자꾸만 균형이 깨진다. 평등함이란 한번 생기면 그대로 유지되는 것이 아니라, 부부가 삶 속에서 끊임없이 보완하고 재생산해야 하는 하나의 과정이다.

2. 불균형한 관계를 만들어내는 구조적 상황들을 일단 제외하고 우선 개인적인 요인만 살펴본다면, 평등한 관계를 해치고 무너뜨리는 요인에는 다음과 같은 것들이 있다.
   - 우리 안에 내면화되어 우리의 행동을 조종하는 전통적 역할상.
   - 불평등한 주고받음.
   - 공동 생활에서 한쪽에 치우친 권한 행사.

3. 전통적 역할 모델, 불균형한 주고받음, 불평등한 권한 행사 따위는 대개 우리의 의식 너머에서 일어나는 일들이며 우리의 의도와 상관없이 나타난다. 그만큼 각별한 주의와 관심, 또 자기 반성적인 태도, 상대방과 적절한 피드백을 주고받는 자세가 필요하다. 그래야 부부의 평등함이 흔들릴 때 그것을 재빨리 간파할 수 있고 사태를 수습하거나 개선할 방법을 찾을 수 있다.

12장

사랑이 현실에 부딪칠 때

집 안과 집 밖의 경계 허물기

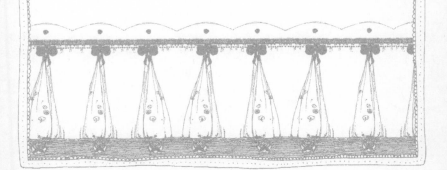

최근 가족 연구를 보면, 어머니-아이로 이루어진
양자 관계보다 아버지-어머니-아이 형태의 삼자 관계가 자녀에게
안정감을 제공하며 정상적인 성장에도 반드시 필요하다고 한다.
신체적으로든 정신적으로든 아버지와 아버지다운 점을 구체적으로
실감해야 아이의 머리와 가슴에 균형이 잡힌다.

상담치료사란 직업 덕분에 많은 부부들을 만나다 보니 전형적인 유형의 가족 구조를 수없이 볼 수 있었다.

남편이자 아버지는 가족 바깥에 있다. 그의 관심도 바깥, 즉 직장 일을 향해 있다. 아내이자 어머니는 아이들과 함께 하나의 집단을 형성하는데, 특히 어머니가 직업이 따로 없는 경우 그런 집단성이 제일 강하다. 하지만 아무리 어머니 혹은 아내가 시간제 혹은 심지어 전일제 직업이 있다 해도 이 같은 구조가 크게 달라지는 일은 거의 없다. 특히 남편이 일반 기업에서 일할 때 이 전형적인 유형이 뚜렷이 확인되긴 하지만 공무원, 교사, 의사 등 다른 성격의 직업군에 속할 때도 대부분 이런 가족 구조에서 벗어나지 못한다.

이상적인 부부와 현실의 부부

오늘날 부부 대부분이 아무리 늦어도 아이가 생기는 시점부터는 '가부장적 수급 혼인'이라 불리는 결혼 모델로 돌입한다. 이 사회학적 명칭이 비록 18, 19세기에 비롯된 것이긴 하지만, 요즘 남편 내지 아버지들에게 예전 같은 가부장적 권한이 주어지는 것은 아닐 뿐더러, 혹시라도 그런 것을 요구했다가는 즉각 아내와 아이들의 반발에 부딪히고 만다. 맞다. 이러한 결혼 생활 유형은 현대인들의 일반적 사고와 근본부터 어긋나는 구조다. 그리고 바로 여기에 대부분의 부부 갈등을 일으키는 문제가 도사리고 있다.

현대 산업사회에서는 남녀가 평등하다는 생각이 당연하게 받아들여진다. 자세히 말해, 남자가 (더는) '여자의 주인'이 아니며 두 사람이 가정과 직업에서 똑같은 자아 실현 기회와 발전 기회를 누려야 한다는 것을 의미한다. 그런데도 앞의 그림에서 나타나듯, 지금도 여전히 결혼한 여자는 주로 가정에, 대부분의 결혼한 남자는 주로 직장에 치우친 삶을 살기 때문에 남편이 가정사에 관여하고 정보를 공유하는 일이 드물다. 즉 이상적 부부 관계상과 현실적 관계상 사이에 엄청난 괴리가 존재한다. 당연히 이 현상은 사회적 갈등을 낳는다. 이 괴리에 이의를 제기하는 것은 주로 여자 쪽이므로 남자들은 자연스레 수세에 몰린다. 아내들의 비난을 들어보자.

"필요할 땐 꼭 없더라!"

"회사랑 결혼했어? 나랑 애들은 덤이야?"

"집에 오면 좀 식구들이랑 맞출 줄도 알아야지! 애들이 회사 부하야? 왜 애들한테 그런 식으로 대해?"

"당신만 힘들어? 집에만 오면 무슨 왕자라도 된 것처럼 가만히 앉아서 이거 달라 저거 달라 하게!"

"이래서야 내가 당신하고 무슨 대화를 하겠어! 사람 사는 자질구레한 얘기도 좀 하고 그러는 거지. 그런 얘기만 나오면 입 꽉 다물고, 아니면 사무 처리 하듯 딱딱하게만 굴고!"

부엌에서 썩는 아내, 소외당하는 남편

아내가 질책하는 남편이란 결국, 자기를 혹사해 가며 절대로 긴장을 늦추지 않는 일벌레, 생각이 꽉 들어찬 머리를 식힐 줄도 모르고 감정도 없는 것 같은 벽창호, 항상 눈앞의 목표만 보고 질주하며 단 한 번이라도 유연하게 순간을 즐길 줄 모르는 목석 같은 남자, 무슨 일이든 사무적으로만 대하고 눈물과 웃음 감성적인 관계 문제 따위에는 관심도 없는 냉혈한, 그래서 특히 아내에게 아이든 집안 문제든 죄다 떠맡겨놓고 쳐다도 안 보는 그런 남편이다. 그러니 남편들이 방기하는 '인생의 다른 측면'을 대신 도맡는 것 말고 아내들이 선택할 수 있는 대안이 뭐가 있겠는가? 아이들, 남편, 노부모를 위해 온갖 '가족 관계'를 일일이 관리해서 전체적으로 가정이 원활히 굴러가게끔 신경 쓰는 것 말고 아내들이 할 수 있는 일이 달리 뭐가 있겠는가? 아내들이 보기엔 남편들이 너무 일, 일 하다 보니까 상대적으로 여자들이 가정사에 지나치게 매달릴 수밖에 없다. 그래서 정작 자신이 품고 있는 직업적 출세욕이나 기껏 힘들게 받은 고등교육이다 부엌에서 썩기만 하는 것 같다.

이것이 요즘 많은 아내들이 생각하는 남편과 가정의 모습이다. 그럼 남편들은 어떨까? 대개는 입을 별로 안 열고 침묵을 지키긴 하지만, 일단 시작했다 하면 자기 변호가 중심을 이룬다. 어쩔 도리가 없다는 것이다. 아예 승진이니 임금 인상이니 하는 걸 포기했다면 몰라도, 해야 할 일이 있는데 어떻게 빠져나오겠는가. 그러면서 남편들은 아내의 희생을 발판으로 삼아 자기 인생을 영위하는 인간으로 낙인찍힌다.

그런데 과연 남편들이 그렇게 괜찮은 조건에서 사는 걸까? 굳이 자기 방어를 할 필요가 없을 때 남자들이 스스로 털어놓는 이야기를 가만히 들어보자. 그러면 얼마나 자기들이 인간적인 면모를 잃고 사는지 하나씩 털어놓기 시작한다. 아내가 하는 말이 실제로 거의 맞기도 하므로, 남자들의 삶은 지독히도 피폐한 상태라고 볼 수 있다. 흠 하나 없이 일 처리를 하려다 보니 속이 텅 빈 것 같은 공허감이 찾아들고, 집에 가도 이방인, 아니 심지어 방해물이 된 기분까지 든다. 아이들이 뭘 좋아하고 싫어하는지 도통 모르는 데다, 막상 아이들 얼굴을 대하면 그 소외감이 현실로 느껴진다. 당연히 아내가 아이들하고 훨씬 가깝다. 아들이라도 하나 있으면 그 녀석이 남편 노릇까지 하는 것 같다. 자, 정말 남편들이 더 편하고 괜찮은 조건에서 사는 게 맞을까? 어차피 직장에 매인 몸이기 때문에 자아 실현씩이나 되는 꿈이 최소한으로 쪼그라든 것은 밖에 나가 있는 남편이나 집에 얽매인 아내나 별반 차이가 없다.

스스로 만드는 족쇄

이 문제는 결국 남편과 아내의 공동 문제이므로 상대방을 적대시할 게 아니라 손을 잡고 함께 해결해야 한다. 의심할 여지 없이, 남녀가 가정과 사회에서 모두 평등한 기회를 누릴 수 있도록 근본적인 대안을 마련하려면 또 한 번 가족 · 직업 · 사회 차원에서의 정치적 변화가 필요하다. 단, 이미 잘 활용할 수 있는 기회들이 있는데도 당사자들이 워낙 전통적인 가족 구도에 갇혀 있어 스스로 그 기회를 저버리는 일도 허다하다. 다시 말해, 우리가 자신의 이상과 달리 자꾸만 가부장적 가족 유형 쪽으로 기우는 배경에는 우리 스스로 만든 족쇄가 분명히 작용한다는 뜻이다. 여기에 몇 가지 설명을 덧붙이자면 다음과 같다.

1. 오랫동안 반복된 역할 모델은 우리 정신에 깊이 각인되어 있다. 저 먼 옛날 동족을 먹여 살리려고 야생에서 짐승을 잡았던 (남성) 사냥꾼의 본성이 아직까지 살아남아 오늘날 남자들의 사고와 행동을 알게 모르게 조종한다. 여자들도 마찬가지다. 자기 관심사를 위해 직접 투쟁하는 대신, 동굴에 들어앉아 자식들을 보호하고 바깥에 나가 있는 남성 짝을 뒷바라지하고 돕는 구실을 했던 (여성) 선조들의 습성이 요즘 여자들에게도 남아 있다. 그리하여 과거와 비슷한 전통적 역할 분담이 반복되고 있다. 남자는 직장이라는 '사냥터와 전쟁터'가 자기가 있을 곳이라 믿고, 여자는 아무리 직업이 따로 있어도 언제나 가정이 우선이고 만약 병행이 힘들면 직업보다는 가정을 택한다. 사회적으로 그런 선택을 강요하는 분위기도 물론 영향을 끼친다. 남편

들이 아내의 직업을 무슨 여가 활용 목적의 취미 정도로 평가 절하하는 일이 생기고, 여자들은 아예 자신이 아이 키우고 교육하는 자질을 타고났다고 믿으면서 남편의 참여를 절대 금지하기도 한다.

2. 이 태곳적 역할 모델은 아주 어릴 때부터 부모에게서 보고 들은 내용 때문에 더욱 고착된다. 그렇게 보고 배운 아이가 부부가 되고 부모가 되면서 역할 모델이 되풀이된다. 어디서든 흔히 볼 수 있는 장면이다. 아직 결혼을 안 했거나 아이가 없는 커플은 놀랄 만큼 현대적인 관계를 보인다. 직업이든 살림이든 동등하게 기여하고 동등하게 나눈다. 그러나 아이가 생기거나 결혼이라는 제도에 편입되고 나면, 언제 그랬냐는 듯 자신들도 모르는 사이에 실질적인 사회적 조건에 '억눌려' 곧바로 부모 세대가 보여준 가치관과 행동양식을 반복 재생하기 시작한다. 남자는 일하는 남편(그리고 '왕자')으로, 여자는 집 지키는 아내(그리고 '만능 심부름센터 직원'으)로 변신한다. 우리 아버지 어머니에게서 질리도록 보면서 나는 절대 저러지 말아야지 했던 바로 그 모습으로 말이다! 우리가 사는 시대가 아무리 남녀 평등이 많이 진전된 '현대'라고 해서 전통적인 역할 모델이 지닌 힘을 결코 과소평가해서는 안 된다. 특히 자타가 공인하는 '피

해자'인 여성들도 자신이 이 역할 분담을 자초한 면이 없었는지 차분히 반성해볼 필요가 있다.

가정으로 아버지를, 일터로 어머니를

심리학자니 상담치료사니 하는 이들도 이런 상황을 초래하는 데 한몫 하지 않았나 싶다. 최근 일부 심리학자들은 어머니의 중요성, 그리고 어머니와 아이의 유대 관계의 중요성을 끊임없이 강조하면서 온갖 근거와 방법을 동원하여 어떤 것이 필요하고 무엇이 '바람직한'지를 일일이 열거했다. 그러니 나름대로 직업적 욕구가 있는 결혼한 여자들은 아이 문제만 떠올리면 '자동적으로' 항상 마음이 무거웠다. 직업과 가사를 동시에 꾸려나가려는 보통 여자들에게 과도하게 엄격해진 이상적 어머니상이라는 잣대를 들이댔으니, 당연히 형편없는 점수가 나올 수밖에 없다. 최근 가족 연구를 보면, 어머니-아이로 이루어진 양자 관계보다 아버지-어머니-아이 형태의 삼자 관계가 자녀에게 안정감을 제공하며 정상적인 성장에도 반드시 필요하다고 한다. 여기서 '관계'란, 아버지가 '외형적인 틀'(즉 '부양자'의 역할)만 제공하는 것이 아니라 살아 있는 인격체로 인식되는 형태를 가리킨다. 요즘 아이들은 '엄마는 과잉', '아빠는 부족' 상태다. 신체적으로든 정신적으로든 아버지와 아버지다운 점을 구체적으로 실감해야 아이의 머리와 가슴에 균형이 잡힌다. 이런데도 어머니의 역할만 중요하다고 계속 강조할 것인가?

마찬가지로 여성들과 직업에 관련해서도 변화가 일어나야 한다. 오늘날 곳곳의 일터에서는 '여자'가 꼭 필요하다! 메말라 가고 있는 산업 현장에 여성스러움이야말로 절실한 요소이기 때문이다. 특히 서비스가 모든 것을 결정하는 사회에서는 그 사실을 피부로 느낄 수 있다. 얼마 전 어느 병원에 간 일이 있었다. 그곳은 두 명의 여자 의사가 이끄는 곳이었는데, 다른 병원에 비해 훨씬 느긋하고 화기애애한 분위기가 흘렀다. 또 어떤 제약회사에 갔더니 여자 인사부장이 있었는데, 그곳만큼 근무시간 운영이 유연한 곳은 본 적이 없었다. 남자들의 영토라 불리던 곳에 여자가 들어오고, 여자들의 영토에 남자가 들어올수록 세상은 더 완벽해지고 인간적으로 변한다. 지금, 그것도 당장, 우리의 세계는 그런 변화가 절실히 필요하다!

오늘날 노동 시장에서도 새로운 노동 형태가 요구된다. 시간제 노동은 물론이고, 이른바 재택 근무로 불리는 '이동형' 노동이 그것이다. 그런 신개념이 여성들에게는 새로운 직업적 가능성을, 남성들에게는 가정과의 연대 가능성을 확대해줄 것이다.

다만 여기에는 한 가지 조건이 충족되어야 한다. 우리 스스로 진심으로 그럴 준비가 되어 있어야 하며, 자신의 기존 가치관과 인습이 되어버린 행동양식을 인식하고 새로운 삶을 위해 그것을 과감히 극복할 줄 알아야 한다는 점이다.

일과 가정 사이에서 균형을 지키는 방법

1. 부부 사이에서 아내와 남편이 각자 한편으로는 가족/가사, 다른 한편으로는 직업에 얼마만큼씩 기여하며 누리고 사는지 자세히 헤아려보자. 백분율로 따졌을 때 각 영역에서 상대방과 내가 차지하는 비율이 얼마씩인가? 그 비율이 괜찮다고 생각하는가? 그렇지 않다면, 이 문제를 어떤 식으로 풀어야 할까?

2. 두 사람이 다른 사람의 방해를 받지 않을 만한 곳에서 얼굴을 맞대고 이야기를 나눠보자. 직장일이든 가정일이든 마음 속에 담아둔 모든 불만을 솔직하게 다 털어낸다. 상대방은 그것을 다 들은 뒤에, 잘 모르는 것이 있으면 더 자세하게 물어본다. 이해를 위해 물어볼 수는 있지만, '논쟁'하거나 토를 달거나 자기 변호를 해서는 안 된다. 다 말했다 싶으면 이번에는 역할을 바꿔서 상대방의 이야기를 듣는다. 이 방식을 쓰면 '비난 대 변명'으로 진행되는 부부 대화를 바꿀 수 있다. 동시에, 상대의 형편을 속속들이 이해할 수 있고, 때에 따라 두 사람이 결국 같은 문제로 힘들어하고 있다는 것을 깨닫게 될지도 모른다.

3. 부부가 함께, 아내와 남편이 균등하게 직업과 가정 생활을 영위할 수 있는 상상력 넘치는 시나리오를 짜본다. 단, 우리 부부의 조건과 상황을 고려한 계획을 짜자. 시나리오가 완성되면 어떤 기분이 드는지 이야기한다.(가슴이 두근거린다거나, 불안하다거나, 거부감이 든다거나……)

이런 대화를 틈날 때마다 반복한다. 그 미래상이 충분히 매력적인 것이라면, 반드시 실현할 수 있는 추진력이 저절로 생길 것이다.

4. 혹시 지금 당장이라도 부부가 일과 가정을 좀 더 균형 있고 평등하게 이끌어갈 수 있는 방법이 (집안 사정, 직장 상황, 재정적 여지 등에 비추어) 있는데도 그걸 제대로 못 쓰고 있는 건 아닌지 곰곰 따져보자. 만약 그렇다면 왜 그런지 서로 묻고 의논해보자.

13장

숨가빴던 열정은 어디로?

'안정'과 '자극' 균형 잡기

물론 부부 사이에는 반드시 내적인 유대감이 존재해야
하고 서로 익숙하고 편안해야 한다. 그렇지 않다면 평생을 같이
살아갈 수 없다. 하지만 약간의 낯선 측면도 반드시 남겨
두어야 한다. 다시 말해, 나만의 독자적인 개성을
계속 발전시켜야 하는 것이다.

이십대 후반인 레기나와 로베르트는 결혼 생활 5주년을 맞은 젊고 매력적인 부부였다. 게다가 엄마 아빠를 쏙 빼닮은 세 살 배기 어린 아들을 둔 부모이기도 했다. 두 사람은 서로를 좋아 하고 존중했으며 손발도 착착 잘 맞았다. 벌써 아담한 집도 한 채 마련했고, 로베르트는 직장 생활도 성공적인 데다, 레기나도 육아 휴직이 끝난 뒤 반일제로 직장에 복귀해서 만족한 삶을 누리고 있었다. 한마디로 모든 것이 환상적일 만큼 매끄러운 결혼 생활이었다. 그런데도 이 부부는 지금 부부 상담실 의자에 앉아 회의적인 질문을 던지고 있다.

"우리 두 사람은 서로 잘 맞는 걸까?"

왜 하필 이런 완벽한 부부가 그런 의문을 품는 걸까? 그것은

상대에 대한 성욕이 식었다는 단 한 가지 이유 때문이었다. 두 사람은 요즘 전혀 잠자리를 같이하지 않으며, 어느 한쪽이 딱히 먼저 요구하지도 않는다. 물론 처음부터 그랬던 건 아니다. 두 사람이 처음 사귀기 시작했을 때는, 정열적인 사랑의 불꽃이 아름답고 황홀하게 타올랐다. 그런 뜨거운 상태는 꽤 오래 지속되었고 이윽고 두 사람은 살림을 합쳤다. 문제는 그때부터였다. 갑자기 잠자리에서 모든 것이 덜 재미있고 덜 흥미로워졌다. 두 사람은 그 사실을 받아들이고 싶지 않았고, 잠깐 이러다 말겠지 싶었다. 하지만 둘의 관계가 깊어질수록 서로를 향한 욕구는 점점 더 식었고 아이가 태어나자 그나마 뜸하게 유지되던 신체 접촉의 기회도 영영 자취를 감추고 말았다. 이제, 둘째를 가져야 할 때가 되자 두 사람은 눈에 띄게 불안을 느꼈다.

"서로에게 아무런 욕망도 일어나지 않는데, 과연 계속 같이 살아야 하는 걸까? 둘째 아이까지 생겨서 더 헤어지기 힘들기 전에 빨리 결단을 내려야 하는 게 아닐까?"

비교적 젊은 부부의 성욕 저하는, 그것이 한쪽에 한한 것이든 (방금 든 사례처럼) 양쪽 모두에게 해당하는 것이든, 일반적인 통념보다 훨씬 많은 부부가 겪는 문제다. 물리적인 '성적 장애'가 아니라, 성적 '기능'은 모두 정상인데 단지 의욕이 안 생기고 상대에게 별로 욕구를 느끼지 않는 현상이다. 그런 부부들 사이에서는 어렴풋한 체념의 분위기까지 확산되고 있는 듯하다. 게다가 인생의 큰 즐거움이 자기 옆을 스쳐 지나가는데도, 정작 자기는 아무것도 못한 채 손 놓고 멍하니 쳐다만 보고 있다는 불안감마저 느낀다.

어째서 이런 상황이 벌어지는 걸까? 성적인 관계에 관해서 이야기할 때는 반드시, 우리가 쉽게 망각하는 '기본 사실'을 염두에 두어야 한다. 바로, 부부 사이의 성 관계가 잘 '맞든' 그렇지 않든, 어쨌든 성 관계의 본질은 성적 '기능'과 관련된 문제가 아니라는 점이다. 인간의 성생활은 아주 복잡한 문제다. 다시 말해, 성은 삶 전체의 온갖 복합적인 맥락 속에 뿌리를 내리고 있는 데다, 그 맥락들과 촘촘히 '연결'되어 있기까지 하다. 부부의 전반적인 신체 상태뿐 아니라, 잠정적인 혹은 지속적으로 겪는 힘들고 고된 상황들, 그들이 각자 혹은 함께 떠안고 있는 걱정 근심, 주거 사정, 자녀 양육에 필요한 노력과 조건 등 이루 셀 수 없이 많은 것이 그 안에 속한다. 이 모든 것들이 동시에 두 사람의 성생활에 영향을 끼친다.

욕구가 시들하다면, 실제로 몸이나 정신의 특별한 '말썽'을 찾기보다는, 부부의 전체 삶을 속속들이 파헤쳐보는 것이 가장 빠르고 올바른 해결 방법이다. 말하자면 두 사람의 삶이 마음놓고 성을 즐길 수 있는 조건인지, 아니면 욕구를 도리어 쫓아버리거나 억누르게 하는 조건인지를 판단하는 것이다. 부부 사이의 열정이 정말 식었다면, 분명 후자일 가능성이 높다. 그런 삶의 조건들을 일일이 다 거론하고 싶지만, 여기서는 부부의 공동생활에서 나타나는 성욕 감퇴 원인 중에서도 우리가 흔히 과소평가하는 것들을 지적하고 분석해보고자 한다.

지나친 안정감이 문제

그렇다면 레기나와 로베르트도 욕구를 억누르는 조건에서 살고 있는 걸까? 언뜻 보기엔 전혀 그렇지 않아 보인다. 하지만 자세히 들여다보자. 두 사람 사이의 성 관계에 처음으로 제동이 걸린 것은, 사랑하는 두 연인이 최초의 '예외 시기'를 끝내고 살림을 같이 합치면서 평범하고 일상적인 생활에 들어섰을 때였다. 이들뿐 아니라 거의 모든 연인들이 이와 비슷한 시기에 비슷한 변화를 겪는다. 그리고 점점, 결혼이니, 아이니 하는 평범한 요소가 더해질수록 서로를 향한 성욕은 줄어든다.

왜 그런지 이해하려면 우선, 인간에게는 두 가지 근본적이면서도 서로 상충하는 욕구가 있다는 사실을 깨달아야 한다. 즉 안정을 추구하는 욕구와 자극과 흥분을 찾는 욕구가 동시에 함께 존재하는 것이다. 그래서 한편으론 뭔가 익숙한 것을 만들어서 안정을 취하지만, 다른 한편으론 낯선 것을 접하면서 자극을 취한다. 다만 그 정도에 어느 정도 한계가 있어야 하는 것은 물론이다. 너무 낯설면 불안해지고, 너무 익숙하면 안정감이 지루함과 싫증으로 변한다. 이 공식을 앞서 말한 두 젊은 부부에게 적용하면 다음과 같은 해석이 나온다.

두 사람이 막 서로에게 반했을 때는, 아직 각자 자기만의 세계가 더 컸고 그래서 자기 세계를 근거로 상대방을 바라봤다. 그래서 상대에게서 새롭고 낯선 것, 뭔가 매력적인 것을 발견하기도 쉬웠다. 상대방이 자극적이면서도 열정에 불을 지피는 흥분제였던 것이다. 그러다 둘이 함께 살게 되자 당연히 상대에게 점점 익숙해졌고 모르는 게 없을 만큼 속속들이 서로를 알게 됐다. 또 한 배우자에게 정착한 덕에 안정감도 찾아왔다. 그렇다면 혹시, '너무 안정적'인 게 탈은 아니었을까? 너무 편하고 익숙해서 결국 지루하고 싫증이 난 건 아니었을까? 레기나와 로베르트의 문제가 정말 편안함에서 기인한 건지 아닌지 따지자는 게 아니다. 그 대신 이런 비슷한 상황을 겪는 부부라면 한 번쯤 다음과 같은 질문을 함께 떠올려볼 필요가 있다.

"우리 부부한테서 성욕이 사라진 건 어쩌면 너무 익숙하고 긴장감이 없는 관계, 과도한 안정감에서 생겨난 싫증의 표시가 아닐까? 그 반대 극, 그러니까 우리 부부한테 지속적인 호기심과 매력을 불러일으킬 만한 적당한 낯섦, 적당한 거리는 어떻게 찾을 수 있을까?"

물론 부부 사이에는 반드시 내적인 유대감이 존재해야 하고 서로 익숙하고 편안해야 한다. 그렇지 않다면 평생을 같이 살아갈 수 없다. 하지만 약간의 낯선 측면도 반드시 남겨 두어야 한다. 그리고 결속 못지않게 각자의 독자성을 잃지 않고 새롭게 강화하는 데에도 꾸준히 신경을 써야 그 약간의 낯설음이 유지된다. 다시 말해, 나만의 독자적인 개성을 계속 발전시켜야 하는 것이다. 이를테면, 결혼한 뒤에도 싱글이었을 때 가졌던 취미나 관심사를 유지해야 하고, 친구 관계도 소홀히 하지 말아야 한다. 내적이든 외적이든 자립성을 포기해선 안 된다. 결혼을 하기 전이든 후든 배우자 각자가 '자기만의 세계'를 가꿔야 하는 것이다.

특히 여자들은 결혼하면서 누구의 아내, 누구의 엄마로 한정되는 경우가 많다. 오로지 남편과 아이하고만 관계된 삶을 살다 보면 너무 안정되고 익숙해져서, 남편도 아내를 볼 때 시큰둥하고 심지어 다른 여자한테서 자극을 찾고 싶어할 때도 있다. 남자들도 마찬가지다. 가정과 직장 일에만 파묻혀 살다 보면 자기만의 독특한 개성은 어디론가 사라져버린다. 업무와 능력 위주의 직업 세계에 맞추다 보니 커다란 기계에 딸린 부속처럼 움직이게 되고, 개성을 배제하고 되도록 무난히 주변에 아무 문제없이 적응하는 데 바쁘다. 나만의 고유한 관심사, 나만의 독자적인 친구 관계, 창의적인 생각과 상상력 따위에는 에너지를 쏟을 틈이 없다. 이런 암울한 '직장 남성들'의 초상은, '가정 주부'에만 머무는 여성들만큼이나 배우자에게 매력이 없다. 독자성을 잃은 부부는 더구나 한 가족이라는 테두리 안에 섞여 있다보니 개성도 차이도 없는 '한 덩어리'의 집단으로만 보인다. 개성 없는 배우자, 과연 서로한테 열정이 남아 있을 수 있을까?

엄마랑 자는 느낌?

부부의 공동 생활에서 오는 익숙함과 안정감이 과도해서 두 사람 사이에 이른바 '부모-전이'가 유발되는 일도 잦다. 이 현상은 성욕 감퇴를 더욱 부추기는 요인이 된다. '부모-전이'란 남편이 아내에게서 갈수록 어머니 같은 인상을 받고, 아내는 남편한테 아버지의 느낌을 받는 것이다. 그러다 보니 남편이나 아내에게 부성애적인 배려, 혹은 모성애적인 배려까지 기대한다. 실제로 기대에 부응하여 부부가 서로의 엄마 역할, 아빠 역할을 받아들이면 그때부터 부부 간의 성욕은 급격히 감소한다. 가족 내의 '근친상간'에 대한 금기가 심리적으로 작용하기 때문에 엄연히 아내와 남편 사이인데도 욕구가 억눌리는 것이다. 실제로는 남편이 아버지 역할을 맡는 것보다 아내가 엄마 역할을 하는 경우가 많기 때문에, 주로 여성들이 남편한테 성 파트너로서 매력을 잃는 일이 훨씬 많다. 예나 지금이나 아이가 생기면 배우자를 서로 '엄마' '아빠'로 부르기도 한다. 또 그렇게 부르든 부르지 않든 두 사람이 부모가 되면 심리적 차원에서 서로를 '부모'로 인식하게 되고, 그러면 당연히 상대방에 대한 욕구가 수그러든다.

부모-전이와 관련해 성욕을 억누르고 방해하는 또 한 가지 요건이 있다. 남편이 아내를 대할 때 아들처럼 행동하고, 아내가 남편을 대할 때 딸처럼 굴면 그 순간 저절로 미묘한 권력 차가 발생한다. 평등한 부부 관계는 흔들리고, 한 사람이 '위' 다른 한 사람은 '아래'가 된다. 예나 지금이나 권력 관계 안에서 통용되는 수단이긴 하지만, 이런 관계에 놓이면 (비록 무의식적 차원이긴 해도) 약자는 자기 쪽에서 강자를 향해 일어나는 성욕을 차단하게 된다. 어쨌든 아내에게서 어머니의 모습만 보는 남편과, 남편을 대할 때 딸이 된 느낌만 받는 아내는 상대방에게 성욕을 느끼지 못한다. 상대한테서 자신을 '지키고' 자신의 권리를 빼앗기지 않아야 한다는 생각이 더 앞서기 때문이다.

바쁘고 부지런한 부부들의 덫

또 다른 욕구 감퇴 요인이 있다. 요즘 부부들은 아이가 있고 맞벌이를 하는 경우엔 정말 무수한 의무와 노동에 시달린다. 단 1분도 쉴 틈이 없고, 아침 일찍부터 밤 늦게까지 할 일들이 꽉 들어차 있다. 그것도 하나같이 급하고, 신속히 처리해야 하고, 꼭 손이 가야 할 일들이다. 부지런한 부부들은 좀 사정이 나을 것 같지만 그 반대다. 오히려 어느 것 하나도 놓치고 싶지 않고 또 그만큼 일 처리를 착착 잘하기 때문에 일을 더 하면 더 했지 줄이지는 못한다. 그래서 바쁜 부부일수록 몸과 마음에 제동이 걸려서 욕망 따위 꿈도 꾸지 못한다. 어떤 일이든 최고로 신속 정확하게, 목적과 의도에 맞게 경제적으로 처리해야 한다고 철석같이 믿는 사람들인데, 느긋하게 유희를 즐기고 그저 순간을 만끽하는 데 시간을 써야 하는 사랑의 행위가 잘 될 리 있겠는가? 특히 여자들은 장시간 이런 식으로 팽팽한 긴장 속에서 살다 보면 아예 섹스에 대한 관심이 사라지고 만다. 남편은 그런 아내를 충분히 시간과 공을 들여 자극하고 의욕 저하 상태에서 끌어내도 부족한데도, 목적한 바를 빨리 효과적으로 '달성'해야 한다는 마음이 앞서 서두르기만 한다.

어떤 부부가 성욕 감퇴에 시달리고 있다면, 그들 부부의 생활이 혹시 순전히 일과 의무로만 꽉 들어차 있는 건 아닌지 점검해볼 필요가 있다. 사실이 그렇다면 아무리 숨 가쁘게 흘러가는 일상일지라도 잠시 느긋하게 게으름도 피우고 유희와 열정을 즐기고 기쁨을 얻을 수 있는 시공(時空)의 섬을 만들어야 한다. 물론 그 섬이 오로지 성적인 목적에만 사용되어야 하는 건 아니다. 생활에 관계된 것이라면 무엇이든 상관없다. 고삐를 풀고 느긋함을 즐기는 습관이 들면, 에로틱한 열정도 자연스레 되돌아온다. 관능적 사랑은 우리가 인생의 모든 것을 구석구석 즐길 줄 알아야 비로소 생명을 얻는 것이기 때문이다.

분리된 두 세상

특히 아이가 많은 부부는 앞서 말한 것처럼 수많은 의무에 둘러싸여 지내느라 열정이 식기도 하지만, 두 부부가 각자 완전히 다른 세상에 살면서 서로 너무 소외되는 바람에 같은 비극을 겪기도 한다. 남편은 순전히 일에만 몰두하고, 아내는 아이들 돌보느라 딴 데 신경 쓸 겨를이 없다. 두 세상은 서로 만나는 지점도 없고 완전히 다른 법칙에 따라 흘러간다. 게다가 아예 상반된 행동 방식까지 요구받는다. 이쪽에서는 높게 평가되는 가치가 저쪽에서는 무의미한 것으로 간주되는 경우도 부지기수다. 공통점이 있다면 단 하나, 구성원들의 전적인 참여를 요구한다는 점이다. 그런데도 여전히 남편과 아내가 서로를 잘 이해할 수 있을까? 물론 그럴 수 있다. 단, 그러려면 자주 대화하고 상대방 입장이 되어 생각해보고 끊임없이 교감해야 한다. 그렇게 하지 못하면 상대가 낯설어지고, 서로에 대해 아는 것이 없는 관계가 되어버린다. 나란히 한 이불에 누워 있는데도 남 같기만 하고, 점점 더 낯설어지다 보니 성욕은커녕 서로에게 무관심해지고 심지어 타인을 대할 때 느끼는 두려움까지 생긴다. 성 관계는 일단 가까워야 하고 익숙하기도 해야 깊이가 생기고 풍요로워진다.

처음엔 분명 열정적으로 사랑을 나눴던 부부가 시간이 흐르면서 성적 무감각에 처했다면, 대개 그 원인은 한쪽 혹은 양쪽의 '성적 불능'에 있는 것이 아니라, 두 사람의 공동 생활이 어떤 식으로든 욕구를 억누르는 방향으로 흘러가고 있기 때문이다. 왜, 무엇이 그렇게 만들었는지 알아내고, 그것을 바꿀 수만 있다면 부부 사이의 열정은 반드시 돌아오게 되어 있다.

성적 무감각에 빠진 부부가 서로 물어야 할 질문

1. 우리 부부 생활이 '안정'과 '자극' 사이에 놓인 저울 위에서 너무 안정 (익숙함, 평범함, 일상) 쪽으로 치우친 것은 아닌가?

   어떻게 하면 약간의 '새로움'(호기심, 낯설음, 흥미)을 우리 사이에 불러 올 수 있을까? 당신과 내가 구체적으로 도모해볼 만한 일은 무엇일까?

2. 남편인 나는 아내에게서 아이 엄마, 주부 외의 다른 면도 발견할 수 있 는가?

   아내인 나는 남편에게서 아이 아빠, 부양자의 측면 말고 다른 부분도 찾아볼 수 있는가?

   내가 당신에게, 당신이 나에게 여전히 매력적인 여자 혹은 남자로 보 이게끔 하려면 어떻게 해야 할까?

3. 일과 의무 이외에 (넓은 의미의) '쾌락과 향유의 섬'이 우리 부부에게 있 는가? 없다면 그것을 만들거나 찾을 수 있는 방법은 무엇인가?

4. 나는 내 남편이/아내가 하루 종일 무슨 일을 하고 어떤 생각을 하며 어떤 감정을 품고 사는지 잘 아는가? 내 남편은/아내는 나에게서 이해 받고, 뒷받침 받는다는 느낌을 얻는가?

   나는 당신에게 궁금한 것이 있는가?

   당신은 나에게 궁금한 점이 있는가?

14장

위기에 빠진 사랑

관계의 한 단계 도약을 위한 관문

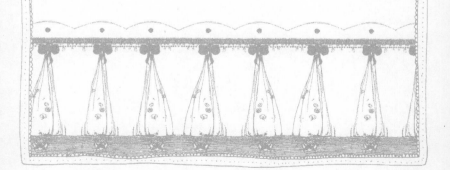

위기를 겪고 나면 위기 전 상태로 다시 되돌리기
힘들다. 한마디로 위기 전 상태와 결별해야 한다는 뜻이다.
그 과정은 길고 어려운 싸움이며 고통스럽기까지 할 것이다. 하지만
그 작별의 과정을 일단 마치고 나면, 이제 관계의
새로운 가능성을 찾는 일이 주가 된다.

필자가 한 리더십 세미나를 진행할 때의 일이다. 참가자들에
게 자신의 '인생 곡선'을 그려보라고 했다. 자기 인생의 어디가
'상향'이었고 어디가 '하향'이었는지 생각해보고 그것을 의식
화하기 위해서였다. 그중 한 남자 참가자(K씨라고 하자)의 인생
곡선이 참 인상적이었다. 몇 년 전부터 완전히 밑으로 곤두박질
치기만 하던 곡선이 약 4년 전 어느 시점에 바닥을 한번 쳤다
가, 갑자기 다시 위로 가파르게 상승하기 시작했고 현재도 여전
히 그 어느 때보다 높이 위로 올라가고 있었기 때문이다. 궁금
해하며 필자가 물었다.

"4년 전에 무슨 일이 있었습니까?"

"제 아내가 남자 친구를 사귀었더랬어요. 그 일이 나를 완전

히 딴 사람으로 만들었지요!"

"아니, 그러니까 그때부터 곡선이 위로 올라갔다고요?"

"전 그 전까지 현장에서 일하느라 출장을 많이 다녔습니다. 승진이니 자기관리니 하는 것도 몰랐고, 되는 대로 살면서 술도 많이 마시고, 친구들이랑 술집 같은 데나 돌아다니고, 아무튼 집에 있는 때가 없었죠. 그러다 아내에게 일이 생긴 걸 알았는데, 처음엔 완전히 꼭지가 돌더라고요. 그런데 다음 순간 이런 생각이 들었어요. '꼴 한번 좋다. 네가 지금껏 한 짓에 비하면 약과지!' 그때부터 술도 딱 끊고, 직장도 내근직으로 바꿨어요. 술친구들하고는 연을 끊고 되도록 집에서 시간을 많이 보냈습니다. 합창단에도 들어갔어요. 지금은 일 년째 단장을 맡고 있어요! 한마디로 완전히 새 사람이 된 거죠."

"부인께선 남자 친구와 관계를 끊으셨나요?"

"음, 사실 거기에 대해선 한마디도 한 적이 없어요. 하지만 단언할 수 있습니다. 이제 그 남자는 집사람한테 전혀 중요한 문제가 아니게 됐어요. 지금은 우리 둘 사이가 다시 너무나 좋아졌거든요!"

그 이야기를 듣고 입이 다물어지지 않았다. 다른 남편들 같으면 분을 삭이지 못하고 씩씩대거나, 아내를 완전히 부도덕한 인간으로 몰거나 아니면 볼썽사납게 울며 매달리는 게 보통이다. K씨도 물론 감정적으로 힘든 시간을 보냈다. 다만 자기들 부부에게 찾아온 위기에서 명확하고 확실한 결론을 이끌어낸 점이 달랐다. 그 위기가 인생에서 넘어서야 할 낯선 도전이라고 믿었고 그것을 통해 새로운 방향도 잡았다. 그리고 결국 자신의 결혼 생활도 지킬 수 있었다.

"정말 힘들었어요. 그래도 지금은 그런 일이 생긴 걸 오히려 다행으로 여겨요. 안 그랬으면 제가 이렇게 달라질 기회도 없었 겠죠."

K씨는 자신한테 일어난 일을 그렇게 해석하며 중요한 교훈을 가르쳐주었다. 바로 위기는 기회라는 사실 말이다. 정말로 위기를 기회로 알고 이용할 줄만 안다면 철두철미 옳은 소리가 아닐까?

경직된 균형을 깨는 위기

부부 사이는 다른 모든 인간관계처럼, 일종의 균형 위에서 유지되는 경향이 있다. 삶에서 안정감을 느끼고 앞날을 예측하고 준비하려면 이 균형은 반드시 필요하다. 하지만 시간이 흐르면서 우리가 이 균형 속에 파묻혀 경직될 위험도 역시 존재한다. K

씨는, 아내가 항상 남편한테 불만이 많았고 속상해하고 힘들어 했다고 말해주었다. 그래서 K씨는 더 일로, 술로, 친구들에게 로 도망쳤다고 한다. 그러니 아내 마음 속에는 또 다른 불만과 원망이 생겼을 테고, 남편은 다시금 도망치고 회피하는 식으로 반응을 보였을 것이다. 비록 불편하고 문제가 있긴 했어도 이런 상황 역시 일종의 균형이라면 균형이고, 실제로 몇 년간 깨지지 않고 지속되기도 한다. 부부는 더 많든 적든 각자 그 경직된 균 형 속에서 힘들어하지만, 거기서 벗어날 돌파구를 찾지 못한다. 그러다 K씨의 경우처럼 한 사람한테 심리적인 변화가 생기면 갑자기 이 균형이 깨진다. 그리고 잠시 동안 혼란이 지배한다. 질서정연했던 일들도 뒤죽박죽이 되고 당사자들의 감정도 큰 파도를 겪는다. 둘 사이를 지배하던 관계 패턴이 풀려버리는 것 이다. 그 과정 자체는 당사자들에겐 모두 불안하고 혼란스럽지 만, 동시에 새로운 것을 발견하고 접할 큰 기회가 되기도 한다. 심리학 용어로 말해, 한 부부의 관계 위기는 그 부부의 위기 극 복 능력을 저울질하는 시험대인 것이다.

다시 K씨의 경우로 돌아가보자. 그는 위기를 맞닥뜨리자 문 득 자신이 얼마나 형편없는지 알아차렸다. 그런 후 자신에 대한 존중감, 명예욕 등을 되살리려 노력했고 자신의 인생을 되찾으 려 애썼다. 그의 아내 역시 마찬가지로 에너지를 끌어내야 했다. 자기에게 닥친 위기를 일단 묵묵히 견디는 힘이 필요했던 것이다. 그 동안의 긴장을 견디기란 두 사람 모두에게 정말 힘든 일이었을 것이다. 그러나 결국 그렇게 참고 버틴 보람이 있었다. 처음에 기세를 떨치던 혼란도 차츰 새로운 규칙으로 바뀌어 갔기 때문이다. 남편은 다시 아내에게 매력적인 배우자가 되었고, 두 사람의 생활도 새로운 국면에 접어들 수 있었다.

새롭게 서로를 발견하는 경험

K씨 부부의 경우, 위기 전에 있었던 '균형'이 전혀 반갑고 이로운 것이 아니라는 사실은 그들 부부도 잘 알고 있었다. 그런데 가끔, 오랜 시간이 지난 다음에야 자신들이 한곳에 고인 물처럼 정체되고 썩고 있었다는 것을 뒤늦게 깨닫는 부부들도 있다. 그런 정체 상태가 나름대로 만족스러워서 편하게 '습관처럼' 살아온 것뿐이다. 그런데 갑자기 한 사람이 큰 사고를 당해 목숨이 위태로워지거나 하면 두 사람의 삶은 크게 동요한다. 서로 얼마나 의지하고 살았는지, 그러면서도 최근에 얼마나 서로에게 소홀했는지, 얼마나 서로에 대해 몰랐고 또 솔직하지 못했는지 깨닫는다. 급작스런 위기 때문에 두 사람이 겪어보지 못한

채 놓쳐버린 삶이 얼마나 많은지 발견하고 놀라는 것이다. 그러나 이 충격 덕분에 두꺼운 잿더미 밑에 묻혀 꺼질 듯 말 듯 타고 있던 작은 불씨가 다시 되살아날 기회도 생긴다.

실제로 부부의 위기를 초래하는 사건들은 무수히 많다. 아이가 학교에서 문제를 일으키거나, 한쪽 배우자에게 든든한 정신적 지주였던 아버지가 돌아가시거나, 사랑이 넘치는 존경하던 어머니가 돌아가실 수도 있다. 한쪽 배우자가 심한 병에 걸리거나, 큰 의미였던 직장을 잃는 사태도 있다. 예상할 만한 것도 있고, 전혀 예기치 못한 채 닥치는 인생의 위기들도 있다. 어쨌든 부부 각자, 혹은 모두의 삶에 정착된 여러 요소와 익숙한 일상, 관계 패턴 따위를 크게 뒤흔들긴 마찬가지다.

여기서 혼란을 겪는 것은, K씨의 경우 같은 잘못된 정체 상태뿐만은 아니다. 직장을 잃거나, 사랑하는 사람이 죽거나, 회복 불가능할 정도로 건강이 망가지거나 하면 지금껏 원활히 잘 굴러 오고 모두가 행복해했던 공동 생활에 지장이 생기거나 아예 그 틀이 부서지기도 한다. 손실을 메울 수 없고 부서진 것을 복구할 수도 없을지도 모른다. 또 예전에는 꼭 있어야 한다고 믿었던 것을 포기해야 하는 일도 생긴다.

이렇듯 아무리 부부 간 혹은 가족 간의 균형이 정체된 상태였거나 위태로운 상태가 아니었는데도, 일단 위기가 닥치고 그것을 극복하다 보면 새로운 것, 더 큰 생명력, 더 깊은 무엇을 만나는 경우가 많다. 그런 경험을 한 사람들은 그 시기를 지나고 나면 곧잘 이렇게 말한다.

"그때 그 일이 나한테 생겨서 얼마나 고마운지 몰라요……."
"분명히 우리는 그것을 잃고 무척 아파했지만, 그것 때문에 훨씬 성숙할 수 있었어……." 배우자의 불치병조차 때론, 죽음에 맞서 싸우는 부부를 더 큰 사랑으로 묶어주기도 한다. 만약 그 병이 없었다면 결코 경험하지 못했을 그런 사랑 말이다.

비 온 뒤 땅을 굳게 하려면

부부 사이의 위기는 실제로 새로운 활기를 불어넣어주는 기회가 될 수도 있지만, 가만히 있다고 저절로 그 기회가 오는 것은 아니다. 때론 위기 때문에 더 경직되고 사랑을 더 잃어버리기도 한다. 위기 때문에 그 어느 때보다 더 모질게 나쁜 방식을 택하기도 하고 끝내 합의점을 찾지 못한 채 헤어지기도 한다. 위기가 정말 성장을 위한 위기가 되려면, 당사자들이 몇 가지 중요한 태도와 행동방식을 갖추어야 한다. 다음에 제시하는 것이 그런 것들이다.

1. 위기에 봉착해도 여전히 인생의 모든 국면에서 의미를 찾을 수 있고, 또 스스로 의미를 부여해야 한다는 '믿음' 혹은 희망을 가져야 한다. 이를테면 '지금은 비록 잘 보이지도 느껴지지도 않지만 반드시 어딘가에 출구가 있다.'는 생각을 갖는 것이다. 종교가 없는 사람이라도 이런 태도를 일종의 신앙처럼 믿으면 좋을 것이다. 운명이 나에게만 냉혹한 것이 아니며 결국엔 나를 돕는다는 원칙적인 믿음을 갖는 것이다. 물론 그런 믿음은 '눈에 보이는' 근거로 입증되지도 않고 어떤 규칙처럼 정해놓을 수 있는 것도 아니다. 다만 많은 이들의 경험담을 들어보면, 그런 가치관과 신념이 있었기에 크고 작은 위기도 반드시 극복할 수 있었다고 한다.

2. 위기를 겪고 나면 위기 전의 상태는 다시 되돌리기 힘들다. 한마디로 위기 전의 상태와 결별해야 한다는 뜻이다. 그것이 별로 안 좋은 상태였다면 어렵지 않은 일이다. 하지만 때론 위기 때문에 아주 소중한 것들을 잃어야 하는 경우도 있다. 그렇다면 그 과정은 길고 어려운 싸움이며 고통스럽기까지 할 것이다. 하지만 그 작별의 과정을 일단 마치고 나면, 이제 부부 관계의 새로운 가능성을 찾는 일이 주가 된다. 위기는 우리가 앞으로 더 나아가고 발전하라고 있는 것이다. 그런 의미에서 위기

를 겪고 난 부부는 이렇게 말할 수 있을 것이다.

"한번 위기를 겪고 난 뒤로 우리는 이전에는 상상 못했던 완전히 다른 부부가 됐어요!"

3. 새로운 변화를 위해서는 어느 정도 창의력도 필요하고 능동적으로 위기에 맞서는 용기도 필요하다. 힘들다고 계속 침울해하거나 축축 늘어지기만 해서는 안 된다. K씨의 얘기를 떠올려보자. 다른 누군가가 똑같은 사건을 겪었으면 전혀 다른 답이 나왔을 수도 있다. 하지만 그는 자신에게 가해진 '낙하 에너지'를 긍정적인 행동 에너지로 바꾸었고 그로써 자신과 부부 사이를 크게 변화시켰다. 모든 것을 '청산'하고 과감히 '새 출발'을 택했던 것이다.

4. 또한 투쟁하는 자세도 중요하다. 단 그것은 거부를 위한 투쟁도 아니요, 지속적인 투쟁도 아니다. 말하자면 흐름을 '막는'다기보다 같이 '타고 가는' 쪽의 투지가 필요한 것이다. 잠깐 동안은 눈물도 흘리고 분해서 입술을 깨물 수도 있다. 하지만 위기에 저항하거나 옛날을 그리워하며 허송세월하면서 힘을 낭비하지 말고, 새 생각과 새 길을 찾는 데 에너지를 투자해야 한다. K씨도 이렇게 말했다. "내가 할 수 있는 일이 없었어요.

그저 다시 아내 마음에 드는 남자가 되기 위해 노력하는 것뿐이었습니다."

이 말을 다른 상황으로 바꿔 얘기해도 마찬가지다.

"내 손으로 아내를 다시 건강하게 만들 수는 없었어요. 하지만 그 병 때문에 아내가 진짜 뭘 원했었는지 알 수 있었죠. 지금껏 받는 데만 익숙했던 내가 이젠 아내한테 주어야 할 때가 왔다는 걸 깨달은 겁니다."

5. 위기를 맞은 부부는 함께 힘을 합하고 서로 지원하고 뒷받침해주어야 한다. "우리 부부는 하나야!" "같이 견디고 같이 성장합시다!" 이런 말이 도무지 안 나오는 위기도 있을 수 있다. 용서하기 힘든 잘못을 저지른 배우자일지라도 일정 부분 상대를 존중하면서 공정하게 대한다면 상대방 역시 현실적으로 그 상황을 곰곰 따져보고 가장 현명한 판단을 내리려고 애쓸 것이다.

위기가 닥쳤을 때 상대가 나를 적대시하거나 아예 신경도 쓰지 않거나 심지어 관심조차 갖지 않는다면, 극복도 해결도 요원해진다. 반대로 합심하고 협력하는 배우자는 함께 애쓴 만큼 새로운 결속이 생기고 부부로서 강한 자부심도 새로 얻을 수 있다. "우리가 같이 해냈다."라는 긍지가 두 사람을 한데 묶어주기 때문이다.

지금까지 말한 몇 가지 태도는 학교 수업 시간에 뚝딱 한 단원을 소화하듯 배울 수 있는 것이 아니다. 정말 위기를 겪어야만 진짜 내 피와 살이 되고 지혜가 된다. 단 독자들이 혹시 닥칠지 모르는 위기에 앞서, 열린 자세로 그것을 마주하고 극복하는 데 도움이 되길 바란다.

위기를 받아들이고 극복하는 마음 자세

1. 부부 사이든 가족 간이든 모든 인간관계는 고정된 균형틀 안에서 움직이려는 경향이 있다. 다만 그로 인해 항상 똑같은 과정, 똑같은 구조에만 머무르며 경직될 위험도 생기며, 당사자들의 발전과 성장이 방해를 받기도 한다.

2. 예상할 수 있는 것이든 예기치 못한 것이든 인생에서 일어나는 위태로운 사건들은 이 균형을 깨뜨리고 뒤죽박죽으로 만들며, 경직된 구조를 해체한다.

3. 사건을 접하는 당사자들은 기존의 삶과 익숙한 것들이 더 지속되지 못하기 때문에 그것을 위기로 받아들인다. 예전에 이어오던 부부 간 상호작용도 혼란을 맞는다. 그 과정에서 불안과 위험이 느껴지는 것도 사실이지만, 반면에 옛 구조를 버리고 모두의 인생에 더 알맞은 새로운 균형을 찾기 위한 기회도 놓쳐서는 안 된다.

4. 부부 관계의 위기는 옛 것과 작별하고, 우리가 더 나아질 수 있게 해주는 모든 형태의 '새것'을 창의적으로 설계하고 실현하도록 요구한다.

15장

'나'를 버리고 하나 되기

몸의 사랑과 정신의 사랑

티베트 《사자의 서》에 나오는 그림.

세상 모든 종교는 상실이라는 인간의 근본적인 체험을
다룬다. 세상에 태어나는 첫 순간부터 인간은 무언가를 애쓰는
존재가 된다. 무언가를 항상 동경하고, 더 많은 행복, 더 많은 사랑, 더 많은
감각을 원한다. 우리는 아직 '우리 자체'가 아니다.
우리는 언제나 무언가를 찾는 여정에 있다.

이 그림은 티베트 (더 정확히 말하자면 탄트라) 불교에서 유래
한 회화나 조소 작품에 많이 등장하는 장면이다. 사랑의 행위를
하는 한 쌍의 남녀가 서로를 황홀하고도 애틋하게 포옹하고 있
다. 이 두 남녀는 두 명의 '보살'이며, 이 그림에서는 그들의 궁
극적 깨달음이 성적 결합으로 표현되었다. 종교적·영적 체험
의 절정인 깨달음이 다름 아닌 성행위와 하나라니, 너무 낯설고
충격적인가? 실제로 인류의 종교사를 통틀어보면 성적 경험과
종교적 체험이 밀접히 관련되어 있는 사례가 무척 많다.

이제부터 필자는 우리가 오래 전부터 터부시했던 성(性)에
대해 이야기하려고 한다. 물론 기독교에서 성을 무조건 악으로
간주한다고 말할 수는 없다. 하지만 항상 문제시되었고 의심의

눈초리를 받아 온 것은 사실이다. 성 자체가 죄악시되었던 것은 아니지만 죄와 성의 거리는 항상 위험천만할 만큼 가까웠던 것이다. 그래서 남녀 간의 성적인 사랑은 성인들의 삶에서 완전히 배제된 것은 물론, 일찌감치 십계명이니 금기니 하는 것으로 포위되고 정리되고 규제받고 감시받기에 이르렀다. 얼마 전까지만 해도 아무리 법으로 맺어진 부부 사이라 해도 주일에 예배를 보러 가기 전에는 섹스를 해서는 안 된다는 규칙이 있었다. 아직도 가톨릭 교회 성직자들은 성생활을 해서는 안 된다. 가톨릭 교회에서 나름대로 경력과 신임을 쌓으려면 성생활 자체를 포기해야 한다는 뜻이다. 특히 교단의 영향력 있는 위치에 오르려면 성문제 따위로 '오점'을 남겨서는 안 된다. 이 모든 사실들은, 교회가 아무리 그렇지 않다고 부인한다 해도 성의 가치를 완전히 말살한다는 판결이 아니고 무엇이겠는가?

기독교와 에로스

대체 어디서 이런 뿌리 깊은, 성을 적대시하는 원한이 유래한 걸까? 그 뒤엔 말하자면 길고도 서글픈 역사가 숨어 있다. 여기서 그 얘기를 꺼내는 건 무리한 시도일 듯하다. 그래도 성적인 것과 악이 그토록 밀접하게 묶이는 데 결정적 역할을 한 성 아우구스티누스 얘기를 잠깐 하겠다. 아우구스티누스는 원죄론을 들고 나와 오랜 기독교 역사에서 막강한 영향력을 행사해 왔다.

아우구스티누스는 어째서 아담의 원죄가 세대를 거듭하면서 대물림되었을까 의문을 품었는데, 결국 성행위 자체에서 그 답을 찾았다. 그때부터 성행위 자체는 무조건 나쁜 것이라는 인식이 세상에 존재하게 되었다. 성행위 때문에 생겨난 모든 일은 성례를 통해 죄 사함을 받아야 했고, 사람들은 온갖 규칙과 계명에 의해 성행위를 억제하고 자제해야 했다.

앞서 본 탄트라의 장면과 비교해보라. 얼마나 대립하는 생각인가! 탄트라에서는 성적 몰입이 곧 종교적 몰입이다. 그래서 신과 인간 사이에서 일어날 수 있는, 또 일어나야 마땅한 그 무엇의 지고한 표현이 바로 성이었다. 요즘 기독교 신학자들이 좀 더 긍정적으로 성을 이해하려고 애쓰고, 또 기독교도들도 때 지난 성 도덕에 더는 얽매이지 않는다는 건 반가운 사실이다. 심지어 성생활에 대한 '자연스런 맥락'을 받아들이려는 바람직한 현상도 자주 눈에 띈다. 하지만 그것으로 성이 종교적인 면에서도 가치를 획득했다고 볼 수 있을까? 아니 아직 멀었다. 우리의 의식 속에서는 '성(聖)'과 '성(性)'이 결코 하나로 융합하지 못한다. 아무리 진보적인 기독교도라 해도 이 두 가지를 접하면 아예 대립항으로 보든지, 아니면 전혀 서로 상관이 없는 별개의 개념으로 취급할 것이다.

이 얼마나 큰 손해인가. 우리 인생에서 이토록 중요한 문제인 성(性)이 우리의 종교와 (그 종교의 틀 안에서 도덕적인 검열을 거치지 않는 한) 전혀 합의점을 찾지 못하다니! 정말 살아 있는 신앙이라면 인생 전체를 다 떠안아야 하지 않을까? 필자는 탄트라식 관념에 손을 들어주고 싶다. 남자와 여자의 성적 결합은 하나의 종교적 상징이며, 우리가 그것을 의식하고 그것을 행한다면 충분히 심오한 종교적 체험으로 승화할 수 있기 때문이다!

아주 오래 전이지만 교회에도 공식적으로 그런 의식이 존재했던 적이 있었다. 옛날, 말하자면 트리엔트 공의회(1545년부터 1563년까지 교회 분열을 수습하기 위해 소집된 가톨릭 종교회의) 전에는, 신랑 신부가 동침하고 난 후에야 그 결혼이 정식으로 인정되는 관습이 있었다. 성적인 결합이 있고 나서야 진짜 부부라는 공인을 얻었고, 그래야만 부부가 진정한 결혼성례를 치른 것으로 보았던 것이다. 하지만 이런 견해는 트리엔트 공의회가 휘두른, 판에 박힌 '정신 지상주의'의 잣대를 거친 순간 무효화되었고, 그때부터 신랑신부가 혼인성사에서 단지 "네"라고 답한 것만으로 결혼이 이루어진 것으로 간주되었다.

필자가 보기엔 공의회 전의 방식이 본질적으로 더 의미가 깊다. 당연히 여기서 말하는 성행위는 사랑에 의한 것이지 단순한 생물학적 욕구 차원의 행위가 아니다. 더욱이 필자가 생각하는 성적인 교류는 아무리 사랑에 의한 것이라 해도 정말 여러 가지 성격과 차원으로 달라질 수 있는 것이어서, 앞으로 여기서 할 얘기들도 단지 어떤 제안으로서만 해석해야 할지도 모른다. 필자가 말하려는 것은 새로운 방향 제시일 뿐이지, 여타 인간적인 불완전성과 더불어 성을 신비화하려는 것은 아니다.

경계를 넘어선 화합의 경험

기독교를 포함해 세상 모든 종교는 상실이라는 인간의 근본적인 체험을 다룬다. 우리는 원래 자신에게 속한 어떤 것과 분리되는 경험을 한다. 그래서 세상에 태어나는 첫 순간부터 인간은 무언가를 애쓰는 존재가 된다. 무언가를 항상 동경하고, 더 많은 행복, 더 많은 사랑, 더 많은 감각을 원한다. 우리는 아직 '우리 자체'가 아니다. 우리는 언제나 무언가를 찾는 여정에 있다. 우리가 찾는 궁극의 것, 그것이 바로 신적인 것이다.

앞서 말한 아우구스티누스조차 이렇게 말했다. "주를 찾아 안식할 때까지 우리 심장은 잠시도 안식하지 못한다." 신과의 합일에 이르러야만 우리의 갈구는 끝이 난다. 아마 모든 종교의 스승들도 이 말에 고개를 끄덕일 것이다. 그런 만큼 모든 종교의 핵심 테마는 상실의 경험과 그 뒤에 오는 신성과의 일치를 통한 상실의 극복일 것이다. 그런데 이 일이 대체 성행위와 무슨 관련이 있단 말인가?

성적으로 몰입했을 때 우리는 육체적·정신적으로, 말하자면 총체적으로, 나의 비좁던 경계가 깨어지고 그것을 넘어 '너'와의 합일이 일어나는 경험을 한다. 철학자 발터 슈바르트 (Walter Schubart)가 말한 "작은 것에서 일어나는 우주의 화합"이란 바로 이런 것이 아닐까? 그리고 이것이 어쩌면 모든 종교가 추구하는 '무엇'에 대한 일종의 예감이 아닐까?

하지만 우리, 당신과 나에게 와 닿는 모든 것은,
마치 활이 두 가닥의 현을 스치며
하나의 소리를 자아내듯 우리를 하나로 묶어줍니다.
우리가 매여 있는 악기는 무엇입니까?
어떤 악사가 우리를 그 손에 들고 있는 것일까요?
오, 그 노래 감미로워라.

릴케의 시 〈사랑의 노래〉에는 에로틱한 체험에 들어 있는 종교적 차원이 드러난다. 아마 이런 경험을 해본 적이 있는 독자들도 여럿 있을 것이다.

어떤 대상을 향해 성적인 갈망을 느끼고 '추구하는' 순간, 우리는 자기만족에서 벗어나 상대방을 향한 여정에 들어서게 된다. 머리와 가슴만 깨어 열리는 것이 아니라 모든 감각이 상대에게로 향한다. 그것이 곧 헌신과 몰입이다. 대상을 향해 소아(小我)를 바치는 것이야말로 종교와 신앙이 추구하는 바다. 성적인 행위에서 이런 헌신이 실제로 일어난다면, 즉 사랑하는 두 사람이 열정에 휩싸여 의지와 이성과 자기 제어를 망각하고 감각의 도취에서 하나가 될 수 있다면, 그 두 사람은 황홀경 속에서 자아를 뛰어넘는 경험을 할 것이고 하나의 커다란 '전체'에 속할 수 있을 것이다. 그런 체험은 과거 신비주의자들이 우리에게 신과의 합일이라는 말로 표현했던 것과 다르지 않다.

이런 강도 높은 성적 체험과 신비적인 차원이 일어나지 않는다 해도 상관없다. 중요한 건, 부분적이든 전적이든 '합일'이 가능하다는 점이다. 다른 모든 세상사에서도 그러하듯, 그것만으로도 우리의 종교적인 의식 차원에서는 궁극적으로 바라마지 않는 신과의 합일이 일어났다는 상징이자 예시가 될 수 있다.

"그대를 받아들였습니다."

성적 체험의 다른 몇 가지 차원도 종교와 관련된다. 남녀가 성적으로 결합할 때는 경우에 따라 아주 깊은 차원이 열리기 때문에, 그들 스스로 가장 내밀하고 고유한 어떤 것, 즉 자신의 성(性)이 받아들여지고 이해되었다는 감정을 갖는다.

남자는 여자의 정열을 통해 자신의 남성성이 깊이 인지되고 확인받았다는 느낌을 받으며, 여자는 남자의 정열을 통해 자신의 여성성이 속속들이 인지되고 확인받았다는 느낌을 얻는다. 성적인 결합이 가장 행복하게 여겨지는 순간은 바로 그때다. 그것 자체에서 벌써부터 심오한 종교성이 엿보이지 않는가? 내가 어떤 직위에 있든, 어떤 신분, 어떤 경제적 능력이 있든 상관없이 나의 가장 중요한 핵심이 사랑받고 있고 받아들여진 것이다! 이것만큼 신의 자비와 일맥상통하는 경험도 없으리라. 성적 행위에서는 그 경험이 여성의 에로틱한 사랑을 통해 남자에게 전달되고, 또 남성의 에로틱한 사랑으로 여자에게 철두철미 감각적이고 구체적으로 전달되는 것이다.

16장

튼튼한 관계를 지키는 8가지 지침

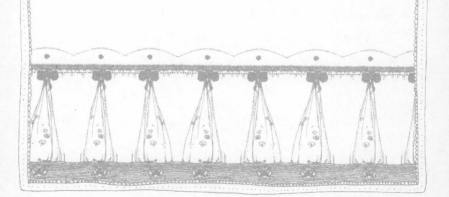

협상이란 말 자체가 '낭만적인 사랑'과 거리가
먼 것처럼 들리지만, 결코 그렇지 않다. 스트레스를 받는 상황이라면
낭만 따위는 무용지물이다. 함께 난관을 극복하고 스트레스를 줄이려면
반드시 현실적인 협상 능력을 발휘해야 한다. 그런 다음에야 비로소
낭만적인 감성과 사랑이 꽃필 수 있는 환경이 마련될 것이다.

지금까지는 하나같이 결혼 생활을 어렵게 만드는 것, 위태롭
게 하는 요인들에 대해서만 얘기했다. 대개 사람들은 부부 관계
의 문제를 거론할 때마다 항상 결함 혹은 부족한 것에만 관심을
집중한다. 그래서 어떤 것이 관계를 튼튼하게 하고 뒷받침하는
지는 거의 신경을 쓰지 않는 것 같다.

이번 장에서는 여러 전문가들의 저서와 필자의 경험을 바탕
으로 정리해본 여덟 가지 '결혼 지킴이'에 대해 이야기해보고
자 한다. 부부 관계를 오래 지속하게끔 도와주는 요소에는 어떤
것이 있는지 자세히 살펴보자.

처음 느꼈던 그 사랑

연애 감정은 결혼 생활의 기본적인 주춧돌이다. 물론, 열렬한 연애 감정은 적잖은 오판과 실수를 저지를 위험을 초래한다는 반론이 제기될 수 있다. 사랑이라는 게 우리 눈을 멀게 한다는 지적도 종종 들린다. 맞다. 연애 감정만 있다고, 즉 사랑한다고 결혼이 이루어지는 것은 아니다. 그리고 처음에 깊이 사랑했다고 해서 나중에 위기나 불화가 덜 오는 것도 아니다. 하지만 스위스의 부부상담가 위르크 빌리(Jürg Willi)의 연구 결과에 따르면, 열렬히 사랑에 빠진 사람들 사이에서 생겨난 유대감은, 일정 기간의 힘든 시기를 견딜 수 있게 해주며, 쉽사리 깨지지도 않는다고 한다. 처음 느끼는 그 연애 감정 덕분에 각자 살았던 전혀 다른 두 세계가 하나로 융합하며 두 사람 다 그 안에서 안정을 찾는다. 연애 감정이 있기 때문에 두 개인이 생소함을 극복하고 친숙한 감정을 만들어낼 수 있으며, 각자 가족과 묶여 있던 끈에서 어느 정도 놓여나와 '부부만의 세계'를 쌓을 수도 있다. 강렬한 사랑의 포로가 된 덕에 새로운 세대 전승이 가능해지는 것이다.

그래도 앞서 이야기한 반론은 여전히 남는다. 우리는 사랑 때문에 상대방의 머리 뒤에 후광이 서린 것 같은 착각을 하고,

그 사람을 자신의 구원자인 양 이상화하는 건 아닌가? 너무 기대가 컸던 탓에 나중에 가서 실망하고 후회하게 되는 것, 그게 전부 연애 감정 탓이 아니던가? 그럴 위험도 분명히 있다. 하지만 위험성에만 시선을 두는 것은 역시 정당한 시각이 아니다. 그야 물론 사랑에 빠지면 상대에게서 자신이 이루지 못한 동경과 욕망을 투사해서 보는 일이 대부분이다.

하지만 상대에게서 보는 광채는 단순한 허상만은 아니다. 아직 실현되지 않아서 그렇지, 두 사람이 같이 기회를 잘 이용하기만 하면 정말로 배우자가 그 '허상'을 현실로 바꾸어낼 가능성은 아주 높다. 사랑에 푹 빠져 있는 바로 그 순간, 두 사람의 관계가 앞으로 이루어야 할 비전이 보인다. 그 비전을 목표로, 힘들더라도 공동의 길을 걸어 그것에 도달할 수 있는 가능성이 생기는 것이다.

비슷한 점을 찾아라

부부는 서로 다른 점 때문에 자극을 받고 서로 끌리기도 하지만, 정말 부부 사이를 더 오래 지탱해주는 것은 닮은 점들이다. 물론 너무 비슷하면 흥미가 떨어지고 긴장감이 무뎌져서 '오누

이' 같은 부부가 된다. 부부 사이의 몇 가지 차이, 작은 대립항은 모든 음식마다 빠지지 않는 소금 같은 요소다. 하지만 음식도 그렇듯, 부부 관계의 기본 재료는 서로 어울리고 융합하고 비슷해야 한다. 그 재료란 이를테면, 국적, 사회적 신분, 교육 수준, 나이, 세계관, 기호, 취미, 기본적인 생활 습관 같은 것이다. 물론 그런 면들에서 차이가 좀 난다고 해서 두 사람의 결혼이 불가능하지는 않다. 그래도 공동 생활은 사뭇 까다로워지고 시간이 지날수록 부딪치고 극복하기 어려운 일도 점점 많아진다.

예를 들어 두 사람의 나이 차이가 많이 나도 꽤 오랜 시간 동안은 그다지 문제가 안 될 수 있다. 그러다 어느 날 나이가 많은 쪽은 체력이 예전 같지 않아졌는데, 반면 상대방은 아직도 '한창' 나이라면 어떨까? 혹은 부부의 국적이 다를 경우를 떠올려 보자. 처음엔 그 이질성 때문에 오히려 관계가 더 생기 있고 매력적일 수도 있다. 다만 한 사람이 자기 나라로 돌아가야 할 일이라도 생기면 나머지 하나는 어찌할 수 없는 난관에 처하고 만다. 닮은꼴 부부가 더 잘 산다는 말도 이래서 생긴 말이다. 기본적인 조건이 서로 비슷하다면, 그 다음에 나타나는 작은 차이들은 오히려 긴장을 유지시켜주는 활력소가 될 것이다.

부부 사이의 독자성

이렇듯 결속과 유사성은 부부 사이를 지탱해주는 기본적인 요소들이지만, 한편 다른 부정적인 위험성도 내포한다. 너무 비슷하고 너무 가까운 나머지 둘 중 한 사람 혹은 두 사람 모두 자기 고유의 개성을 포기하거나 잃어버리는 일도 있기 때문이다. 상대방 때문에 자신을 온통 희생하는 것은 무가치한 일이다. 그래봤자 부부 관계만 더 망가진다. 아무리 공유하는 세계가 크고 중요하다 하더라도, 여전히 자기만의 세계, 자기만의 관심사, 자기만의 인간관계, 자기만의 생각, 자기만의 목표가 있어야 한다. 특히 여자들은, 결혼 생활의 여러 단계에 따라 정도가 달라지긴 하지만, 전반적으로 이런 부분들을 많이 잃고 산다. 자기 직업, 자기 돈이 없어서 이 세상에서 자기 혼자 두 발을 딛고 서 있지 못해서다.

'사랑은 자유의 아이'라고 했다. 내 자신의 운명과 행불행을 모조리 상대방한테 의지하고 있는데 어떻게 그 사랑이 자유로울 수 있으며 또 상대를 오래도록 사랑할 수 있겠는가? 혼자 자립하고 독자성을 지키려면, 아무리 친하고 편한 사이라 해도 약간의 생소함이 남아 있어야 한다. 서로 조금 모르는 점도 있어야 하고, 비밀도 존중해주어야 한다. 그로 인한 간격이 너무 커지지만 않는다면 상대에 대한 호기심, 매력도 사라지지 않을 것이다. 배우자 간의 독자성은 무엇보다도 평생 같이 사는 부부 사이에 빠질 수 없는 성적 요소를 잃지 않기 위해서도 반드시 필요하다.

평등한 주고받음

부부는 서로 주기도 하고 받기도 해야 한다. 그런데도, 특히 아내는 계속 주기만 하고 남편은 받기만 하는 부부가 대부분이다. 그런 상태가 지속되면 아내는 희생한다는 느낌이 들 테고 남편은 갈수록 죄책감이 늘어날 것이다. 어쩌면 아내가 뭘 줘도 받을 줄 모르는 데다, 남편도 그 악순환을 떨쳐버리려고 노력하는데도 아내가 별로 탐탁치 않아 해서 효과가 나타나지 않는 것일 수도 있다. 성인들 사이에서는 주고받음이 비슷해야 관계가 건강하게 유지된다. 그렇지 않으면 한 사람은 그저 받기만 하는 어린아이처럼 되고, 다른 한쪽은 주기만 하는 부모 입장이 되기 쉽다.

옛날 같으면 그런 관계도 어느 정도 존속이 가능했지만, 요즘 부부들은 그런 불균형을 참고 결혼 생활을 이어가지 못한다.

자기도 받을 수 있는 관계를 찾거나 아니면 자신이 기쁜 마음으로 무언가 줄 수 있는 대상을 찾아 외도를 행할 수도 있다. 주고 받음에 균형이 유지되어야 부부 간에 감정적인 틈이 없고, 또 크고 작은 위기가 닥쳐도 비교적 잘 견뎌낼 수 있다. 물론 무엇을 어느 정도 주고받아야 진짜 평등한 것인지는 오직 부부 당사자들만이 안다. 제대로 된 원칙을 세우려면 서로 충분히 대화하고 의견을 나누는 과정이 항상 필요하다.

입장 바꿔 생각하기

부부는 상대방 입장이 되어 생각해보고, 상대방의 시각으로 사물을 바라보는 능력을 갖춰야 한다. 특히 남편과 아내가 특정한 시기에 가정을 위해 어쩔 수 없이 서로 확연히 다른 조건에서 살아야 할 때는 더욱 그런 능력이 필요하다. 남편은, 아내가 집안일이며 아이들 키우느라 분주하게 사는 걸 이해해야 하고, 아내는 남편이 직장에서 어떤 일을 겪고 어떤 생각을 하며 사는지 생각해봐야 한다. 상대방 입장이 되어 생각한다는 건 어린아이들은 잘 하지 못하는, 어른들의 능력이다.

그리고 일단 아무리 내가 어른이라 해도 특정 상황에 처해서는 심리적으로 완전히 상대방 편에 서서 모든 걸 바라볼 줄 아는 각별한 마음가짐도 가질 줄 알아야 한다. 상대가 나와 비슷하게 사물을 볼 거라고 암묵적으로 (혼자서) 전제하고 나서, 그것을 근거로 나 역시 상대방 입장이 되어 생각할 수 있다고 믿는 것은 오산이다. 상대의 시각과 견해가 나랑 전혀 다를 수 있다는 점을 처음부터 고려하지 않고서 어떻게 상대의 관점으로 생각할 수 있겠는가! 따라서 상대가 무슨 생각을 하는지 항상 관심을 갖고 물어보는 것이 상책이다.

"당신 의견은 어때? 말해봐."

"이 문제에 대해서 어떻게 생각해?"

"어제 밤 그 일 있잖아. 당신은 그 상황을 어떤 식으로 봤어?"

그런 물음에 대해 상대방이 내놓는 답을 진지하게 귀기울여 들어보면, 상대와 내가 보는 세상이 참 이리도 다를 수 있구나 싶어 놀랄 때가 많을 것이다. 그러다 보면 내 아내, 내 남편이 독립된 인격체로 보이고 나 역시 솔직하게 상대를 마주할 자세가 생긴다. 그런 경험을 한 부부는 상대가 자신의 진짜 모습을 보아주고 진심으로 이해하고 있다는 만족감을 느낄 것이다.

협상 전문가가 되라

요즘은 보편적으로 통용되는 원칙이나 외부적인 사회 규범이 점차 사라지고 부부가 자신들만의 생활 패턴에 맞게 인생을 설계하고 싶어하는 시대인 만큼, 협상 기술이야말로 없어서는 안 될 중요한 능력이 되었다. 이제는 중요하든 덜 중요하든 거의 모든 인생 문제를 각자 알아서 결정하는 것이 원칙처럼 되었다. 아이를 가질 것인지 말 것인지, 낳는다면 몇 명을 낳을 것인지, 부부 사이의 종교 생활은 어떻게 영위할지, 친지들과의 교류, 성적인 문제, 정조 문제, 여성의 직업 문제는 어떤 식으로 합의할지, 그리고 심지어 여가나 휴가, 살림살이, 육아 등은 어떤 식으로 실행할지 등을 일일이 새로 결정해야 한다.

옛날에는 이런 일들에 거의 '규칙'이 정해져 있었다. 하지만 지금은 부부가 각자 이해 관심사가 다르기 때문에 사사건건 부딪치고 대립하기 일쑤다. 그래서 각자 조금씩 양보해서 합의점을 찾든가 아니면 제3의 해결책을 모색하기도 한다. 그러려면 협상을 해야 하는데, 협상이란 한마디로 자신의 이해를 주장하되 상대의 욕구도 충분히 감안하고 그것에 유연하게 대처하는 것을 말한다. 다른 말로 표현하면, 단호하되 경직되지 않으며 유연하되 우유부단하지 않은 태도를 지녀야 한다.

협상이란 말 자체가 '낭만적인 사랑'과 거리가 먼 것처럼 들리지만, 결코 그렇지 않다. 스트레스를 받는 상황이라면 낭만 따위는 무용지물이다. 함께 난관을 극복하고 스트레스를 줄이려면 반드시 현실적인 협상 능력을 발휘해야 한다. 그런 다음에야 비로소 낭만적인 감성과 사랑이 꽃필 수 있는 환경이 마련될 것이다.

협동과 합심, 둘째가라면 서러울 정도로

협상과 더불어 스트레스 상황을 극복하는 데 도움이 되는 것이 바로 합심하는 능력이다. 스트레스가 전혀 생기지 않는 결혼 생활이나 가정 생활은 있을 수 없다. 가정 내에 스트레스가 존재한다고 해서 나쁠 건 없다. 다만, 그 상황이 계속 나빠지기만 하거나 조금도 해결되지 못하면 관계에 큰 허점이 생기고 결국엔 파경을 맞는다. 압박감에 시달리는 상태에서 합의점을 찾지 못해 대립까지 일어나면, 정말 아무것도 아닌 일도 엄청나게 큰 일로 확대되기 때문이다.

살다 보면 끊임없이 이런저런 난관이 닥치고, 해결해야 문제들이 생기게 마련이다. 병에 걸리거나 사고를 당해서 지금껏 익숙했던 모든 것이 하루아침에 뒤집히기도 하고, 이사나 이직 같은 크고 작은 변화도 다가온다. 그럴 때마다 부부가 훌륭한 팀워크를 발휘한다면 유리한 점이 많다. 머리를 잘 써서 협동만 잘 하면 어려운 상황도 헤쳐 나갈 수 있고 "둘이 함께라면 아무것도 문제없어!"라는 자부심도 생긴다. 그것은 합심하는 부부만 느낄 수 있는 일체감과 뿌듯함이다. 이런 만족감만큼 부부 사이를 돈독하게 하고 서로를 매력적으로 보이게 하는 것도 없다.

물론 부부가 협동만 잘하는 팀에 그쳐서는 안 된다. 자칫하면 부부 사이의 감정이 메마르기 때문이다. 그렇더라도 장기적으로 부부의 돈독한 정을 지키려면 협동하고 합심하는 능력은 반드시 전제되어야 한다.

공동의 관심사와 목표

부모가 함께 자녀를 훌륭히 키우는 것, 이것이야말로 부부가 공유할 수 있는 최상의 목표이고, 그것만으로도 충분히 가치 있는 일이다. 더욱이 함께 낳아 기른 아이는 부부 사이를 묶어주고, 간간이 닥치는 위기를 극복하게 해준다. 동감한다. 하지만 자녀가 중심이 되는 시기는 부부의 공동 인생 전체를 놓고 보면 매우 짧은 기간이다. 아이들이 커서 독립하고 나면 부부끼리 살아갈 날이 훨씬 더 많다. 이때 작지 않은 위기가 부부 앞에 닥친다. 과연 이제 무엇을 바라보고 살아야 할까? 물론 지금까지 같이 살아온 시간이 그들을 여전히 묶어주고는 있다. 하지만 그걸로 충분할까? 아니다. 이 시기에 빈번히 일어나는 외도, 느지막이 찾아오는 중년 우울증 따위가 그 증거다.

부부가 자녀 말고도 공동으로 바라보아야 할 새로운 전망과 미래의 목표는 반드시 따로 있어야 한다. 그런데 그때 가서야 허둥지둥 그런 목표를 찾아봤자 이미 너무 늦다. 특히 시대가 바뀌고 현대화될수록, 가사와 육아 외에 두 사람을 하나로 묶어주는 공통의 관심사는 더욱 더 필요해진다. 어쩌면 그것은 단순한 취미일 수도 있고(여행, 등산) 종교적인 실천일 수도 있으며(명상, 사찰 순례) 정치나 사회 차원의 참여(지역 발전, 시민운동)일 수도 있다.

주의할 것은, 공동의 행위를 너무 소극적인 것에 국한해서는 안 된다는 점이다. 같이 텔레비전 앞에 쭈그리고 앉아 시간을 보내거나 사람 없는 휴양지만 찾아다니며 고즈넉함만 즐기는 것은 위험하다. 함께 시간과 정력을 투자할 만한 가치와 보람이 있는 일을 찾자. 보람이 있어야 인생은 비로소 꽉 찬 느낌이 든다. 나와 배우자가 같이 그 보람을 찾으며 움직인다는 생각을 하면 하나라는 느낌과 함께 서로가 아름답고 멋있게 보일 것이다. 그리고 그런 행복한 경험에서 노화 따위는 전혀 문제가 되지 않을 것이다.

잠깐 테스트 : 당신의 결혼은 얼마나 튼튼한가?

앞서 열거한 여덟 가지 '결혼 지킴이'를 다시 정리해보았다. 이번엔 이것을 읽으며 10점부터 1점 사이의 점수를 매기며 자신의 결혼 생활을 체크해보자. 10점은 '전적으로 그렇다'이고, 1점은 '전혀 아니다'이다.

1. 부부가 처음 만나 느꼈던 연애 감정은 나중에도 부부를 지켜주고 에너지를 부여해주는 중요한 자원이다. 우리 부부는 과연 처음부터 열렬히 사랑하는 사이였는가?
2. 닮은꼴 부부 되기. 많은 부분에서 서로 비슷한 부부가 오랜 세월을 같이 할 수 있는 가능성이 크다. 연령대, 종교, 국적, 교육, 기호 등에서 큰 차이가 나지 않는 편이 더 좋다. 우리 부부는 여러 부분에서 많이 닮았는가?

3. 융화, 일치, 합일은 부분적으로만 통용되는 가치들이다. 부부가 서로 오래도록 행복하게 지내려면 아무리 닮은 점이 많아도 약간의 독자성과 차이는 꼭 남아 있어야 한다. 나와 배우자의 독자성은 잘 지켜지고 있는가?

4. 부부는 서로 잘 주기도 하고 잘 받기도 해야 한다. 양자 간에 주고받음이 불평등하면 함께 행복해지는 건 기대할 수 없다. 한 명이 받기만 하고 다른 한 명은 주기만 한다면 그 결혼은 오래 가지 못한다. 우리 부부 사이의 주고받음은 적당한 균형을 이루고 있는가?

5. 상대방 입장이 되어 생각해보고 상대방이 살고 있는 세계를 이해하는 자세야말로 결혼을 오래 지속하는 능력이다. 나와 남편은/아내는 서로의 입장을 충분히 상상하고 이해할 줄 아는가?

6. 부부는 관심사가 다를 수밖에 없다. 그래서 상대방에게 진심으로 귀기울이면서도 동시에 내 입장을 분명히 전할 줄 아는 협상 능력이 필요하다. 부부가 효과적이고 발전적으로 협상하면 흡족한 해결책도 얻고 합의도 이끌어낼 수 있다. 우리는 과연 효과적으로 협상할 줄 아는 부부인가?

7. 주어진 과제를 공동으로 분담하고 적당한 협력 관계를 구축하며 상대를 신뢰한다면, 부부 관계도 많은 이점을 누릴 수 있다. 우리 부부는 협력 잘 하는 좋은 팀인가?

8. 한 사람의 인생이 그의 목표를 향해 걸어가는 과정이듯, 부부 역시 공동의 목표와 관심사를 통해 에너지를 얻고 관계를 튼튼히 유지한다. 그것이 정치가 됐든 사회 운동이나 종교가 됐든 마찬가지다. 우리 부

부는 공동으로 추구하는 목표나 계획, 관심사가 있는가?

덧붙이는 말

1. 이 테스트는 과학적인 측정과는 성격이 다르다. 부부가 함께 대화하고 고민해보기 위한 계기로 제시한 것뿐이다.

2. 부부가 나란히 앉아 동시에 점수를 매기지 않아도 된다. 각자 따로 테스트를 하고 나서, 나중에 각 항목의 점수와 총점을 서로 비교하면 된다. 어떤 부분이 일치하고 어떤 부분에서 차이가 나는지 유심히 살펴보자.

3. '결혼 지킴이' 점수가 너무 나쁘게 나왔다고 해서 불안에 떨지 말자. 약점은 반드시 보강할 수 있고 또 그렇게 되어야 한다. 시간이 지난 다음 다시 평가를 해서 실제로 얼마나 개선되고 보완되었는지 확인해보자.

4. 어쨌든 '결혼 지킴이' 항목 대다수에서 6점 이하로만 점수가 매겨졌다면, 부부가 함께 진지하게 고민하고 해결책을 찾아봐야 한다.

5. 때에 따라서, 여덟 가지 모두 점수가 매우 낮게 나왔는데도 불구하고 실제로 결혼 생활이 행복할 수도 있다. 그렇다면 걱정일랑 접어두고 지금의 삶을 만끽하라!

　최근 한 설문 조사 결과에 따르면, 한국 미혼 남녀들은 '결혼을 망설이게 하는 가장 큰 요인'으로 남녀 모두 '배우자와 조화롭게 잘 살 수 있을지에 대한 두려움'을 꼽았다. 흔히 결혼 비용에 대한 부담이나 육아에 대한 부담감이 결혼을 망설이게 하는 주요인으로 꼽히지만, 부부 관계를 어떻게 풀어야 할지 모르는 데서 오는 두려움도 상당히 크다는 이야기다. 게다가, "결혼하고 딱 6개월만 지나봐. 둘이 얼굴 마주보고 할 이야기가 없다니까." "결혼한 사람들 사는 건 다 거기서 거기야. 그냥 참고 사는 거지, 별 거 없어." 이런 식으로 결혼에 대해 주변 사람들이 던지는 끔찍한 조언은 '그런 결혼을 꼭 할 필요가 있을까' 하는 회의감이 들게 만든다.

　어쩌면 결혼에서 가장 필요한 것은 집이나 예단 같은 물질적

준비가 아니라, 새로운 관계에 대한 마음의 준비가 아닐까? 《왜 사랑하기를 두려워하는가》는 '결혼이라는 이름으로 만들어지는 낯선 삶을 받아들이는 마음 자세, 사랑하는 그 또는 그녀와 한 공간에서 건강하게 사랑하며 살아가는 방법을 이야기하는 관계 심리학 책이다.

결혼은 사랑의 완성이 아니라, 새로운 사랑의 시작이다

이 책은 무엇보다 많은 경험에서 비롯된 저자의 통찰력이 인상적인 책이다. 저자인 한스 옐루셰크는 30여 년 동안 부부 상담 치료사로서 일했을 뿐 아니라 임상 심리 상담가들의 교육을 맡아 왔다. 또 자신이 결혼 생활에서 겪을 수 있는 온갖 풍파를 직접 겪은 백전노장이다. 이 책에서 그는 부부 사이에서 흔히 일어나는 구체적인 갈등 상황을 예로 들어 '오래 가는 결혼'을 위해 반드시 알아야 할 부부 관계의 심리학과 의사소통의 기술을 현실적으로 제시한다.

행복한 커플로 오래 오래 잘 사는 것, 그것이 결혼식장에 첫발을 내딛는 모든 연인들의 바람일 것이다. 그러려면 저자는 결혼에 대한 상투적인 통념에서 벗어나는 것부터 시작해야 한다고 말한다. 결혼은 연애의 완성이나 연애의 무덤이 아니라, 새로운 사랑, 새로운 관계의 시작이라는 것이다.

사랑은 발전하는 '과정'이지 한번 일어났다가 어느 순간 끝나버리는 '사건'이 아니다. 사랑은 시간이 흐르면서 점점 여러 단계를 거쳐 발전하고 달라지는 그 무엇이다. 더욱이 우리 스스로 '뭔가' 하고, 직접 능동적으로 설계해야 생겨나는 것이다.

연애 감정에 푹 빠져 있을 때는 굳이 노력하지 않아도 저절로 잘되던 것도, 부부가 각자, 그리고 함께 부지런히 '일하지' 않으면 지속적으로 유지되기 힘들다. '일한다'는 표현이 '사랑'이란 말과 참 안 어울린다고 생각할지 모른다. 하지만 이것이 진실이다. 연애 감정에 빠져 있을 무렵에는 의도적으로 노력하지 않아도 '저절로' 상대방을 다정하게 대한다. 하지만 5년만 지나보라. 상냥한 태도를 취한다는 것이 큰 '일'로 다가올 때가 얼마나 많은지!

과거의 연인 관계, 떨리는 연애 감정에 사로잡혀 저절로 다정하게 대할 수 있었던 그 시간에 얽매여 있는 동안, 결혼은 흔들리기 시작한다. 상대방이 결혼 전과 왜 달라졌는지 고민하며 괴로워할 게 아니라, 관계가 질적으로 달라졌다는 걸 인식해야 한다고 저자는 이야기한다. 달콤한 사랑의 밀어만 속삭이면 되는 남자친구의 자리와 남편의 자리는 당연히 다르다. 여자친구와 아내가 다른 것도 당연하다. 이 질적인 변화를 이해하면 상대가 변했다고 책망하거나 자책할 일은 없을 것이다.

행복한 커플은 모두 알고 있는 의사소통의 기술

저자는 부부 사이의 갈등은 대부분 어느 한쪽이 문제를 일으키는 게 아니라 양쪽 모두 원인 제공을 하기 때문에 일어난다고 지적한다. 예컨대, 흔히 볼 수 있는 '욕심 많고 불평만 늘어놓는 아내'와 '늘 사람 좋아 보이는 남편'의 모습 뒤에, 남편과 소통하고 싶은 간절한 욕구를 잔소리로 밖에는 표현하지 못하는 아내와 아내의 근본적인 욕구를 무시하고 회피하는 냉정한 남편의 진짜 모습을 찾아내는 식이다. 겉으로 보이는 현상 뒤에 감춰진 진실을 찾아내는 이런 날카로운 통찰력이야말로 이 책의 큰 매력이다.

이 책의 또 다른 미덕은 그때그때 상황에 맞는 처방전을 주는 것이 아니라, 관계의 본질을 탐구하면서 심리학적으로 깊숙이 들어간다는 점이다. 임기응변식의 조언은 다급한 갈등은 봉

합할 수 있을지 모르지만, 인간 관계의 심리적 메커니즘을 제대로 알지 못하면 매번 다른 문제가 생길 때마다 당황하고 답을 찾아 동분서주할 수밖에 없다. 저자는 부부 사이에서 아주 흔히 일어나는 '상처 주고받기'도 자신의 마음이 어떤 방식으로 작동하는지 내면의 '그림자'를 들여다본다면 오히려 자신이 성숙해지고 관계가 풍요로워지는 기회가 될 수 있다고 말한다.

간혹 남편이나 아내가 나에게 준 상처를 자기만의 비밀 장부에 적어두면서 목록을 하나씩 늘려 가는 사람이 있다. 그럼 상대는 (자신도 모르게) 날이 갈수록 점점 더 죄질이 나쁜 죄인이 되고 점점 더 빚이 늘어만 간다. 반대로 나는 계속 상대를 깎아내리고 멸시할 자격이 있다고 믿다가, 어느 날 갑자기 그 장부를 펼쳐들고 상대의 코밑에 불쑥 들이민다. 그러고는 상대의 도덕적 자질을 문제 삼아 매몰차게 연타를 날려 상대를 녹다운시킨다. 상대가 일단 나에게 상처 준 게 있으니, 저절로 나는 도덕적으로 우월한 입지에 올라서게 된다. 그걸 이용해서 상대 위에 군림하려 들고 그를 가차 없이 비난할 권리를 얻는 것이다. 하지만 그런다고 상황이 나아지기는커녕 화해와 치유는 더 요원해지기만 한다.

저자는 담담한 척, 대범한 척 "쿨하게 그냥 덮고 넘어가자"는 반응 또한 무시무시한 관계의 덫임을 보여준다. 저자는 잘 싸우는 데도, 화해를 하는 데도 용기가 필요하다고 조언한다. 상처를 받았을 때는 나의 불만을 정직하게 표현하고 진심으로 화해하는 것이야말로 나와 상대 모두를 구하는 바람직한 해결 방법이라고 이야기한다. 해결하지 못한 채 그냥 덮고 넘어간 상처는 마음 깊은 곳에 쌓이고, 결국엔 분노가 조금씩 자라나 배우자와의 사이를 멀찍이 떨어뜨려놓는다. 겉으로는 큰 문제가 없어 보여도 가슴 깊은 곳에서는 사랑이 죽어 가는 것이다.

또한 이 책은 우리가 '가정'에 대한 진부한 환상에서 벗어나 현실을 직시하도록 도와준다. 저자에 따르면, 가정은 여느 조직 사회와 하나도 다를 바 없는 곳이다. 사람들이 모여 사는 곳이면 어디서나 일어나는 권력 투쟁이 가정에서도 분명 일어나며, 서로에게 공격성을 드러내는 것도 정상적인 일이라는 것이다. 그는 건강한 부부 관계란 어느 한쪽이 참고 희생하는 것이 아니라 두 사람이 절반씩 권력을 행사받는 데 있다고 말한다.

권력 게임이 원활히 돌아가는 부부 관계는 시소와 닮았다. 시소는 양쪽 끝에 두 사람이 올라타고 한번은 이쪽이, 다음엔 저쪽이 올라갔다 내려갔다 끊임없이 움직여야 타는 재미가 있다. 잠깐씩 '위'냐 '아래'냐, 혹은 빠르냐 무거우냐 경쟁한다고 해가 되기는커

녕 재미만 더 커진다. 시소가 한쪽으로 기운 채 가만히 서 있다고
생각해보라. 무슨 재미가 있겠나!

결국 문제는 소통의 기술이다. 결혼으로 새로운 관계가 만들
어지고 나면 당연히 두 사람의 말하는 방법과 상대를 대하는 태
도에 변화가 뒤따라야 한다. 저자는 부부 사이에서 올바로 권력
을 행사하는 방법, 싸운 뒤 제대로 화해하는 방법, 동등한 부부
관계를 만드는 방법 등 부부가 상대를 이해하고 더 나은 관계를
만들려면 반드시 알아두어야 할 소통의 기술들을 차근차근 알
려준다. 지금 우리 부부 관계가 어떤 상태인지 측정해볼 수 있
는 체크포인트도 실행해보기를 권한다.

결혼, 최고의 친구를 얻기 위한 모험!

오늘날 결혼은 개인의 선택 사항이다. 경제력만 있다면 혼자 살
아가는 데 아무런 불편함이 없는 시대가 되었다. 마트에 가면
먹을거리를 비롯해 온갖 1인용 제품들이 즐비하고, 혼자 즐길
수 있는 취미 생활도 얼마든지 많다. 외로움이라는 복병만 물리
칠 수 있다면 화려한(?) 싱글 라이프를 실현할 수 있는 것이다.

그러나 여전히 많은 사람들이 용감하게 결혼한다. 옐루셰크는 결혼을 결심한 모든 사람들, 이미 결혼의 문을 넘어 새로운 고민에 빠진 사람들에게 잘할 수 있다고 힘을 북돋워준다. 결혼은 언제나 내 곁에서 나를 지지해주고 인정해주고 믿어주고 사랑해주는, 세상에서 가장 든든한 친구를 얻는 멋진 모험이다.

교양인 편집부

김시형

서울 출생. 숭실대 독어독문학과를 졸업했으며, 현재 출판 저작권
에이전트이자 전문 번역가로 활동하고 있다. 옮긴 책으로《암호의
세계》《내 영혼의 햇살》《미하엘 쾰마이어의 그리스 로마 신화》
《승자의 언어》《사이코그래피, 내가 오랑우탄?》 등이 있다.

왜 사랑하기를 두려워하는가—사랑에 관한 심리학 강의 16장

2008년 8월 22일 초판 1쇄 발행
2010년 12월 1일 초판 2쇄 발행

- 지은이 —————— 한스 옐루셰크
- 옮긴이 —————— 김시형
- 펴낸이 —————— 한예원
- 편집 ————————— 이승희, 이은주
- 인쇄 · 제책 ————— 한영문화사
- 본문 조판 ————— 새일기획
- 펴낸곳   교양인
　　　　　우100-380 서울 중구 묵정동 18-27 대학문화원 603호
　　　　　전화 : 02)2266-2776 팩스 : 02)2266-2771
　　　　　e-mail : gyoyangin@naver.com
　　　　　출판등록: 2003년 10월 13일 제2003-0060

ⓒ 교양인, 2008
ISBN 978-89-91799-36-3 03180